国家安全知识简明读本

GUOJIA ANQUANZHISHI JIANMING DUBEN

国家安全知识简明读本

大国在中国周边的军事部署

韩旭东　著

国际文化出版公司

·北京·

图书在版编目（CIP）数据

大国在中国周边的军事部署／韩旭东著. －北京：国际文化出版公司，2014.1
（国家安全知识简明读本）
ISBN 978-7-5125-0649-7

Ⅰ.①大… Ⅱ.①韩… Ⅲ.①国际形势－研究②国家安全－研究－中国 Ⅳ.①D5②D631

中国版本图书馆CIP数据核字（2014）第012754号

国家安全知识简明读本·大国在中国周边的军事部署

作　　者　韩旭东
责任编辑　潘建农
特约策划　马燕冰
统筹监制　葛宏峰　刘　毅　刘露芳
策划编辑　徐　峰
美术编辑　秦　宇
出版发行　国际文化出版公司
经　　销　国文润华文化传媒（北京）有限责任公司
印　　刷　河北锐文印刷有限公司
开　　本　700毫米×1000毫米　16开
　　　　　　11印张　145千字
版　　次　2014年9月第1版
　　　　　　2018年12月第2次印刷
书　　号　ISBN 978-7-5125-0649-7
定　　价　36.00元

国际文化出版公司
北京朝阳区东土城路乙9号　邮编：100013
总编室：（010）64271551　传真：（010）64271578
销售热线：（010）64271187
传真：（010）64271187-800
E-mail：icpc@95777.sina.net
http://www.sinoread.com

目　录

前言

中国是世界上周边邻国最多的国家，陆上邻国有 14 个，隔海相望的邻国有 8 个。这是中国周边安全环境在世界各国中最为复杂的重要原因之一。它给中国维护周边安全形势稳定带来了诸多压力。

此外，中国还是世界上存在岛屿主权争端和海洋权益纠纷热点最多的国家。尽管这些热点的出现有诸多原因，其实最根本的还是因为中国军事实力不够强大，尤其是海上力量不够强大。近代以来，如何消除来自周边的、威胁我国国家安全的各种因素尤其是军事因素，成了中华民族子孙们头脑里一直萦绕的问题。至今，这些问题仍然是我们必须要正视的。

鸦片战争后，我国就一直受到外敌的入侵，甚至还出现过亡国灭种的危险。新中国成立后，我国摆脱了殖民统治，中华民族走上了独立自主的道路。但是，我国周边安全环境几乎一直处于动荡之中，我国的国家安全一直受到诸多因素的威胁，还曾经有过可能遭受核打击的危险。除朝鲜战争外，我国与周边邻国发生的局部战争都是因领土问题，或与领土相关的问题而起的。某些周边国家对我国领土的蚕食与侵占构成了威胁我国国家安全的主要因素。

目前，这种威胁仍然十分严重，形势十分严峻。然而，我国国家安全面临的威胁因素还远远不止领土主权问题，还有海洋权益被侵占等诸多问题。随着武器装备日益先进以及有关国家军事战略的调整，我国国家安全受到的威胁因素不断增多，受到的威胁强度不断增大，面临的威胁形势更加严峻。随着美国全球称霸战略重心的“东移”，我国周边安全环境可能变得更加复杂，我国的周边安全形势不容乐观。

当前，中国的海上邻国日本不择手段地蚕食我国东海海域中钓鱼岛的领土主权，南海周边的某些国家不断加大对我国南海海域某些岛屿事实上占领的力度，印度在中印边境地区经常使出新的花样来蚕食中国领土，等等，无不让有良知的中国人感到，我国周边的某些邻国正威胁着我国国家主权和领土完整。同时，某些邻国还时不时以动用武力对我国相威胁。

殊不知，这些只是我们看得见摸得着的具体威胁我国主权和领土完整的伎俩。其他威胁我国国家安全的诸多因素，如那些看不见的因素，经常被人们所忽视或不能给予足够的关注。实际上，进入新世纪后，威胁我国安全的因素不断增多，各种威胁因素的强度不断增大。我国安全形势正在恶化已经成为人们的共识。尤其是，我国周边大国的军事部署对我国国家安全的威胁正在上升，这不能不引起我们的重视。这种威胁应该成为我们重点研究和防范的问题。

首先，中国正成为“双重心重叠”之地区的核心，这是中国周边安全环境复杂的重要原因，也是周边安全形势动荡的重要原因。

所谓“双重心重叠”，是指全球经济发展重心与美国全球称霸战略重心相重合的现象。这是亚太地区正在出现的一种新现象，也是历史上第一次出现的现象。这种现象导致亚太地区的安全形势变得越来越复杂，从而也导致了中国周边安全形势的复杂与恶化。

亚太地区的新兴国家正成为全球经济发展的发动机。从全球发展的历史角度看，全球经济发展重心日渐沿着由南欧、西欧、北美到亚太这条运动轨迹移动。

不难看出，全球经济重心的移动呈现为“由东向西”的运动轨迹。自奥巴马上台后，美国开始调整海外军事部署，先后抛出了从伊拉克和阿富汗撤军的计划；从国家安全层面先后出台了《国家安全战略》《国家反恐战略》《国家网络安全综合计划》和《国家安全空间战略》等一系列报告；从防务与军事层面先后抛出了《核态势评估报告》《弹道导弹防御评估报告》《国家军事战略报告》和《维护美国全球领导地位：21 世纪防务领域的优先任务》的“防务战略指南”等报告。美国的这一系列动作推动其全球称霸战略重心从欧洲、经中东移到了亚太，这种移动呈现为“由西向东”的运动轨迹。

全球经济重心“由东向西”和美国称霸战略重心“由西向东”这两种相反方向的重心移动，目前相遇于中国所在的亚太地区。这是一种非常特殊的、历史上从来没有出现过的“双重心重叠”现象。正是因为这种“双重心重叠”，以中国为中心的亚太地区正成为全球关注的焦点，同时也成为美国全球防御体系调整后的重点“聚集”之地。这种现象导致亚太地区将成为全球安全状况最为复杂的一个地区。中国周边安全环境复杂化是未来一个很长时期内的主要特点。

其次，中国正日益被妖魔化而成为众矢之的。自改革开放后，中国的经济发展一直处于上升态势，中国的综合国力不断增强。进入新世纪后，中国的军事与经济同步发展，军事实力也不断提高。

与此同时，全球经济多次被危机和震荡折腾，经济发展乏力。西方国家，尤其是美国的经济发展更是一直处于萎靡状态。这使国际社会，特别是西方国家对中国的各种不正确的看法开始产生。其中，“中国威胁论”日益泛滥。这种言论的产生以及由这种言论导致的对中国遏制行为的出现，其根本原因是中国国家利益与其他国家的国家利益发生了矛盾乃至冲突。

随着中国海外利益的不断拓展和日益扩大，中国与某些国家的国家利益从一般性国家利益矛盾发展为国家核心利益的冲突与矛盾。这就促使某些国家开始通过不负责地妖魔化中国等伎俩来阻遏中国的发展，甚至不断制造“中国军事威胁论”等。这种论调使中国的国家安全受到了越来越大的威胁。

当今，美国是世界上的唯一超级大国，也是制造“中国威胁论”最卖力的国家。美国制造“中国威胁论”，目的在于压制中国的发展，分散中国的“力量”以降低中国发展速度，维护其世界霸权。

在制造“中国威胁论”方面，美国采取的方法主要有：其一，鼓噪中国军力发展过快；其二，鼓吹中国搞军事扩张，如冲出第一岛链，向南海和印度洋地区扩展军事影响等；其三，夸大中国军事投入，过度夸张中国高新武器和军事技术的水平；其四，不断散布“中国军事不透明”，肆意夸大所谓中国威胁，制造混乱等。美国之所以这样做，其目的是：其一，向中国周边国家加速推销其武器装备；其二，加强与中国周边国家的军事关系，形成对中国的军事包围；其三，促进其全球霸权军事体系的形成，以维护其唯一超级大国地位；其四，为其加速向亚太方向实施战略重心调整制造借口等。

日本也是鼓噪“中国威胁论”的国家之一，主要通过夸大中国的军事行动，歪曲中国的军事发展等手法来散布中国军事威胁。比如，日本说中国舰艇编队通过琉球群岛中间的宫古海峡时威胁了日本的安全，中国军队正在南海地区采取扩张性军事行动云云。

实际上，日本鼓噪中国军事威胁的目的在于：其一，为日本提高军力制造借口；其二，为日本自卫队走出国门制造理由；其三，为日本军事重心向其西南方向调整制造舆论；其四，为拉紧与美国的军事关系，巩固日美军事同盟等制造依据。

自 1998 年印度核爆炸至今，印度就一直没有停止鼓噪中国军事威胁。1998 年核爆炸前，印度说其正受到来自中国的核威胁，为其爆炸核武器制造舆论。随着印度核爆炸，印度的军政高官又开始放风说印度正受到中国的军事威胁，从而为其加大军事投入、提升军力制造借口。实际上，这是印度为转移国际社会对印度军力崛起的关注而采取的举措。

中国俗话说，己所不欲，勿施于人。印度害怕国际社会出现“印度威胁论”而肆意制造“中国威胁论”，这种做法不管从哪个角度看，都是不道德的、有违国际公理的。

近年来，印度渲染的中国“珍珠链”战略就是最为突出的一个例子，其严重影响了中国与南亚地区国家发展正常关系，恶化了中国的国际形象。在此之前，中国与南亚地区的孟加拉、斯里兰卡等国家在港口等各种民用工程的建设上展开了密切的合作。作为南亚的“大象国家”，印度对中国的这些做法感到非常不舒服。为了遏制中国在南亚地区与有关国家的合作，印度大力借用美国人制造出来的耸人听闻的词组“珍珠链”战略来描述中国在南亚的“雄心”。实际上，印度的这种做法严重影响了中国与南亚有关国家的经济贸易合作，影响了南亚地区的和平与稳定。

在资源问题上，某些国家故意制造中国“资源贫乏”论，以此推断中国与其他国家将展开资源争夺。在这方面，南海和东海地区石油和天然气开发上出现的争议和分歧不能不说就是受到这种论调影响而产生的。目前，中国在南海腹地开设新的油井面临重重困难，在东海地区开设新的油井也同样面临着重重阻力。在政治与经济利益问题上，中国还是将维护南海地区的安全稳定放在了第一位。

本来是领土主权争端和海洋权益纠纷问题，某些国家故意制造中国“资源贫乏”论，以此来转移国际视线，维护其既得利益并伺机扩大其既得利益。我们对某些国家的这种野心必须给予密切关注，对这些国家肆意歪曲事实的做法必须鞭挞。

近年来，中国军队在远程作战能力、远程机动能力等方面均有所提高，特别是海军由“黄水”海军向“蓝水”海军转变、空军向空天空军和远程空军方向发展，这些引起了某些国家的高度关注。

美国的做法尤为值得重点一提。美国自冷战后就开始将其全球战略重心向亚太方向调整。1993 年发生的“银河号”事件、1999 年发生的轰炸我驻南联盟大使馆事件以及 2001 年出现的南海“撞机事件”等都折射出美国已经将打压的目标指向了中国。由于美国不能在短时间内解决伊拉克问题，“9 · 11 事件”后出现的阿富汗问题更是难以解决，这些迟滞了美国将其关注焦点指向亚太地区。但是，美国并不是没有作为的，而是采取其他手段来遏制中国的发展，如鼓动南海周边某些国家在南海的岛屿主权与海洋权益问题上与中国激化矛盾，在中国与日本的钓鱼岛问题上故意阳奉阴违，不断在中国周边地区进行针对性强的军事演习等。

美国的这些动作目的在于转移中国发展方向，将中国拉上与美国军备竞赛之路，使中国重走苏联的老路，以拖垮中国。

再次，中国周边国家正进入高速发展军力时期。苏联解体后，俄罗斯推行亲西方政策，结果西方国家并不买它的账，仍然将其作为眼中钉肉中刺。一方面，西方国家大力向东扩展其军事存在；另一方面，北约积极大力东扩，在东欧国家中吸收新成员。这使俄罗斯不得不推行新的军事战略，即“现实遏制”战略，企图以强大的军事实力来遏制西方国家对其安全战略空间的压缩。科索沃战争让俄罗斯如梦初醒，认识到西方国家向东欧方向推行其主导价值体系是不会停止的，对俄罗斯进行战略挤压的步伐也是不肯罢休的。

俄罗斯认识到这些问题之后，开始大力发展军事实力。在普京和梅德韦杰夫两位总统对发展军力的重视下，俄罗斯军力不断提升，出现了俄战机向美航母俯冲、俄海空军到加勒比海与委内瑞拉进行实弹军事演习等惊人之举。同时，俄举行的军事演习规模越来越大，俄波罗的海舰队和黑海舰队与太平洋舰队进行跨洋演习等频频出现。

随着俄罗斯经济的复苏，俄罗斯加大了在国防上的财政投入。2009 ~ 2010 财年，俄罗斯安全与防务开支达 415 亿美元；2010 ~ 2011 财年为 494 亿美元；2011 ~ 2012 财年达 634 亿美元。后两个财年增长了近 200 亿美元，增长幅度达 50%。应该说，这个增长幅度是非常大的。如此大幅度的投入保证了俄罗斯军力的高速增长。俄罗斯军事发展走上了快车道。

同样，印度自冷战结束以来在防务上的投入也一直持续保持增加态势。近年来，印度的防务投入更是大幅度上升。印度 2009 ~ 2010 财年的防务开支比 2008 ~ 2009 财年增长 34%，2009 ~ 2010 财年防务开支增长 4%，2010 ~ 2011 财年防务开支增长 7%，2011 ~ 2012 财年防务开支增长 11.59%，2012 ~ 2013 财年防务开支增长 17%。因为在防务上的高投入，印度的军力得以不断提升。其军力号称南亚第一，世界前五名。

随着中国与南海周边某些国家在南海岛屿主权和海洋权益问题上的矛盾不断激化，南海周边一些国家开始大力发展军力。比较典型的是越南和菲律宾等国家，他们近年来投入巨资引入先进的武器装备，加大军事演习力度，并引入区外大国为其摇旗呐喊。这同样加大了对中国的军事压力。

最后，中国周边安全形势不容乐观。目前，中国周边面对的威胁正向多样化、复杂化的方向发展。进入新世纪后，全球安全形势的发展出现了一种新的特点，即传统安全威胁与非传统安全威胁并行发展。

就我国周边安全形势而言，宗教极端势力、民族分裂主义和恐怖主义对我国周边安全形势的威胁是十分严重的。目前，这三股势力呈现出暴力化和政治化两种状况并行发展的趋势：

一是中亚地区的恐怖主义将重新抬头。2011 年 5 月 1 日，美国出动特种兵在巴基斯坦境内击毙了基地组织头目本·拉登。随后基地组织采取了疯狂的恐怖报复行动，塔利班也宣布在夏季发动大规模恐怖行动。不久，美国于 6 月 22 日公布了从阿富汗撤军的“三步走”计划，打算直至 2014 年底之前向阿富汗方面移交全部安全职责。

美国的这一计划刺激恐怖组织不停地制造恐怖事件。中亚和南亚的恐怖事件接二连三地出现。尤其是扎瓦赫里出任基地组织新领导人后，基地组织、塔利班组织以及某些新出现的恐怖组织如哈卡尼组织等都在大展身手，频频制造恐怖事件。这些恐怖事件不知是恐怖组织为了纪念拉登之死，还是给扎瓦赫里的贺礼。总之，恐怖事件在拉登死后急剧增多。据有关人士分析，哈卡尼组织随时有可能接过基地组织的大旗，从事恐怖活动。

二是南海地区的海盗问题可能会日益严重。目前，人们都在关注亚丁湾地区的索马里海盗。实际上，南海地区的海盗也正对地区安全形势起着重要的影响作用，南海地区的未来安全形势或将与海盗紧紧相连。这主要是因为：其一，海盗袭击事件的数量不断上升；其二，亚洲太平洋地区的海盗活动重心正向南海地区转移；其三，2011 年南海发生的海盗袭击事件创近年来新高。

之所以出现这种现状，其主要原因是：其一，因各种争议问题而使南海地区联合打击海盗不力，导致海盗活动日益猖獗。其二，南海地区的海盗有复杂的政治背景支撑。海盗一般都是以通过抢掠达到经济目的为特征的，但南海地区的海盗不同程度上具有政治背景。有的海盗组织背后有政府力量的支持，以达到国家“不方便”出面实现的目的。这使打击海盗具有相当大的阻力。这也说明了南海地区的海盗不易消除的深层原因。其三，南海地区的海盗牵涉的国家多，打击行动不易协调。因为南海地区的海盗来自多个国家，活动范围又大多处于多国争议地区。这使海盗易于寻找到“空白”地区来躲避打击。

三是中国周边国家间的非传统安全合作或将加强，中国有在此方面合作被边缘化的可能。随着冷战的结束，亚太地区的军事对峙逐渐消退，军事合作不断兴起。在军事合作中，非传统安全领域的军事合作日益成为各国间安全合作的一项重要内容。反恐、救援和打击跨国走私等都成为非传统安全领域军事合作的主要项目。

目前，主要大国与中国周边国家及中国周边国家之间在非传统安全领域进行的军事合作日益加强，合作的数量及合作的内容不断扩大。其表现为如下特点：其一，大国日益重视与中国周边国家进行非传统安全领域的军事合作；其二，非传统安全领域的军事合作正成为大国与中国周边国家及中国周边国家之间加强军事关系的重要管道；其三，大国正通过非传统安全领域合作加强对中国周边国家的军事影响力，同时扩大对中国周边国家的军火销售；其四，大国通过与中国周边国家在非传统安全领域的合作，促进传统军事安全的合作。

然而，从近年来亚太地区非传统安全领域的军事合作的事件数量上看，由于种种因素的作怪，中国与大国及周边国家在非传统安全领域合作的事件数量占亚太地区发生的同类事件数量的比率有下滑趋势。

这表明，我国在亚太地区非传统安全领域的军事合作正受到排挤。从亚太地区安全形势看，中国的传统安全形势不容乐观，非传统安全形势也同样不容乐观。

2012年9月13日

第一章　美国军事及其对我威胁

美国是当今世界上唯一的超级大国，中国是世界上最大的发展中国家。中美两国的一举一动都会引起世界的关注，两国的关系更是让世界目光所聚焦。

美国与中国是能够隔着世界上最大的海洋太平洋相望的两个国家，从地理位置来讲也是联合国安全理事会五大常任理事国中相距最远的两个国家。然而，美国又是与中国距离最近的国家，也是对中国表现出最多“关心”的国家。从全球看，美国是在中国周边建立军事基地最多的国家，几乎已在中国周边构建起一个针对中国的军事基地包围圈。同时，美国每天都在通过各种手段来了解中国的发展动态和军情变化。随着美国全球称霸战略重心向亚太方向调整，中国正成为美国“关注”的焦点。

美国认为，中国对美国的霸主地位是一个威胁，便对中国进行遏制与打压，迟滞中国的发展。美国这种做法使其成了威胁中国国家安全的最严重的因素。可以得出这样的认识：美国才是中国国家安全的真正威胁。关注美国军事发展动向就是关心中国的国家安全。

第一节　美国正构建全球化战场，全面威胁中国利益

随着中国国家利益的不断拓展，美国将中国视为威胁其霸权的一个重要国家。中美两国国家利益间的矛盾日益出现冲突与碰撞，开始从一般性国家利益发生矛盾向国家核心利益发生碰撞的方向延伸。

中国国家利益海外拓展的一个重要表现就是向全球拓展，而美国作为唯一的超级大国，其认为自身拥有全球利益，不愿看到中国的这种发展态势。为了维护其超级大国地位，美国开始构建全球化战场，以威慑中国海外利益的拓展，遏制中国海外利益的扩大，维护其全球霸主地位。

一、美国意欲独霸全球，对中国国家安全的威胁不断加大

近代以来，世界上出现过多个在全球搞霸权的国家，如葡萄牙、西班牙、荷兰和英国等。作为一个后起的资本主义国家，美国与其他资本主义国家一样也想成为一个全球性称霸国家。在世界强国对中国进行殖民的过程中，美国以所谓的“门户开放”为借口参与其中，同时也挤进了瓜分世界的末班车。

一战后，尽管美国提出了诸多称霸世界的主张，但因其实力不足而无法与其他资本主义大国较量,最后不得不以所谓退出国联为要挟。二战中，美国凭借自身优势纵横捭阖，勾勒其战后的蓝图，为战后称霸做各种准备。战后，美国终于以强大的实力做后盾登上了西方世界霸主的地位。经过近半个世纪与苏联的博弈，美国最后终于在苏联解体后实现了独自称霸世界的夙愿。

冷战后的世界形势并没有完全按着美国的意愿发展。虽然美国成了世界上唯一的超级大国，但历史并没有给美国更多的机会。随着全球化的不断深化，美国并没有成为“一极”性国家，单极世界也没有形成。美国与

其他大国的实力差距不是在扩大，而是在不断缩小。世界多极化趋势正在加速。面对其他大国的不断崛起，美国不甘心失去唯一超级大国的地位，也不轻言退出对称霸世界这种权力的追逐。美国追求称霸世界的思维还在继续发出惯性，支配着其继续维护超级大国的地位。尽管其他崛起的大国也在缩小与美国的实力差距，动摇着美国的霸主地位，但美国仍然以冷战思维继续认为中国才是美国的潜在威胁。

20 世纪 90 年代中期，美国提出到 2015~2020 年之后可能会出现一个威胁其全球霸权的国家，这个国家可能是俄罗斯，更可能是中国。此后，美国开始加大对中国的遏制，运用各种手段迟滞中国的发展。如自 2000 年始，美国国防部每年（2001 年除外）都发表一份《中国军力报告》，披露所谓的中国军力。特别需要指出的是，2000 年发表的第一份《中国军力报告》首次提出"中国威胁论"。

此后，美国在每年的该类报告中都会一次次地将这个问题推向风口浪尖。这使得所谓的"中国威胁论"一再成为国际重点关注问题，严重干扰了中国的发展。

美国无端指责中国军事发展，全面打压中国发展军力。1998 年，中国开始发布《中国的国防》白皮书，以后每两年发表一次。其透露的信息一次比一次丰富，被称为"第一"的内容不断增多。这表明中国军事不断走向透明化，对外开放程度也越来越大。

自 2002 年开始与吉尔吉斯斯坦举行联合军事演习以来，中国与 30 多个国家进行了 50 余次双边和多边联合军事演习和训练。经过 10 多年的发展，联演联训的对象从以周边国家为主向欧洲、美洲、非洲以及大洋洲扩展，如 2010 年中国与罗马尼亚陆军山地部队进行了联训，2009 年中国与加蓬进行了"和平天使——2009"人道主义医疗救援联合演练，中国还计划参加 2014 年美国组织的环太平洋军事演习。

尽管中国军事透明度不断加大，但美国仍然对中国军事发展横加指责，并企图将中国树立为其安全上的最大"威胁"。为了达到这一目的，美国在虚构“中国威胁”方面还使用不正当手法：一方面，美国以道听途说的消息佐证其对中国军事发展偏见的观点；另一方面，美国从中国有关媒体上断章取义地引用资料证明其观点；同时，美国还大量地以臆想的东西证明其关于中国军力的说辞。美国的这种做法不仅遭到中国人民的坚决反对，也受到其国内学者的批评，甚至还不时遭到国际社会的耻笑。为了遏制中国军力的发展，美国不仅对中国实施武器禁运，同时还鼓动和支持欧盟对中国进行武器禁运。

多年来，美国是世界上武器出口最多的国家。2012 年 8 月 24 日，美国国会图书馆下属的国会研究服务局向国会提交的年度报告中指出，美国 2011 年的武器出口额达到了 663 亿美元，同比增长两倍多，创下历史最高纪录。这一销售额接近 2011 年全球武器销量的八成左右，将武器出口大国俄罗斯 48 亿美元的出口额远远地抛在了后面。

从这些数字可以看出，美国在向全球很多国家出售武器装备，甚至还向俄罗斯出口武器。但是，美国自 1989 年以来一直对中国采取武器禁运政策，打压中国武器装备的发展。这在很大程度上迟滞了中国武器技术水平的提高。从某种角度上说，美国确实在一定程度上达到了其遏制中国军事发展的战略目的。换个角度看这一问题，美国对中国的国家安全确实在构成严重的威胁。

二、美国将整个地球划分为战区，称霸之心昭然若揭

美国这个“世界警察”并不是从其建国就开始将整个地球看作其势力范围的。美国建国后遵从其国父华盛顿的教导，奉行孤立主义政策，不干涉外部事务。

随着华盛顿影响的消失和美国国力的不断提高，从 19 世纪 20 年代开始，美国将触角伸向国外，将美洲视为其势力范围，宣称“美洲是美国人的美洲”。1898 年美西战争后，美国开始迈出美洲走向世界，先后参加了

两次世界大战，并在第二次世界大战后凭借其空前强大的实力在全球扮演起“世界警察”的角色。

美国这个“世界警察”要管世界，首先要把军事触角伸向世界各个角落，确保美军在任何地方都能做出快速有效的反应。于是，美军通过设立战区司令部将地球分割成不同的防区。

在第二次世界大战期间及战后，美国先后成立了大西洋司令部、欧洲司令部、太平洋司令部、南方司令部和中央司令部等战区司令部。

冷战期间，苏联没有被美国划进战区。冷战后，俄罗斯也被美国划进了其欧洲战区的管辖范围。当然,中国一直被美国划入其太平洋战区之内。

“9·11”事件后，美国对有关战区再次进行划分，将原来的大西洋司令部撤销，成立了北方司令部，将原大西洋司令部所辖区域划入了欧洲、北方和南方司令部。2007 年，美国成立非洲司令部，美国将把原来属于欧洲、中央和太平洋司令部所辖非洲区域划归非洲司令部。这样，美国基本上按照洲际划分形式把地球切成了六大部分。

美国之所以如此“切割”地球，是有其战略考虑的，美国在各战区有着“特色”不同的利益重点。

欧洲战区是支撑美国全球战略的根基。世界上主要的资本主义国家大都集中在欧洲。美国要称霸全球,必须要控制住这些资本主义国家。因此，二战后，美国通过组建北约组织和推行“马歇尔计划”等手段，将西欧牢牢控制在手中。冷战期间，欧洲战区是美国与苏联东欧集团进行较量的主要地区。冷战结束后，美国将整个欧洲及俄罗斯的全部都纳入了欧洲战区的管辖范围。

太平洋战区是美国认为“麻烦”最大的地区，是威胁美国安全的重点地区。这一地区内有朝鲜核问题、印巴矛盾等热点问题。

近年来，美国太平洋战区的重点逐渐北移，主要目标是控制朝鲜半岛和台湾海峡的局势。目前，美国太平洋战区已经成为其全球各战区中最重要的战区。随着美国全球称霸战略重心的东移，太平洋战区将是美国各大战区中的重中之重。

中央战区控制着中东地区和中亚地区。这一地区是控制世界能源的主要地区。因此，美国在20世纪80年代成立了中央战区，专注于保卫美国的能源命脉。中央战区先后打了海湾战争、阿富汗战争和伊拉克战争。这一战区是唯一没有按地理区域划分的战区，凸显了这一地区的重要性。

南方战区的管辖范围是中、南美洲地区及其附近海洋区域。中、南美洲历来被美国认为是自家后院，从军事上看，这一地区对美国威胁最小，美国在此部署的兵力也是各战区中最少的。

北方战区管辖北美洲地区，是“9·11”事件后新成立的战区。“9·11”事件使美国本土近200年来第一次受到外敌的威胁，第一次出现了美国邀请北约飞机到其本土警戒的“怪事”，美国本土安全的神话破灭。美国成立北方战区的目的就是整合美国本土的军事力量，严防类似“9·11”这种事件的再次发生。

在非洲司令部组建之前，非洲事务分别由中央司令部、欧洲司令部和太平洋司令部来负责。随着欧洲国家离心倾向越来越大，欧洲司令部对非洲的关注越来越吃力。中央司令部对阿富汗和伊拉克战事越来越“力不从心”，无暇顾及非洲事务。太平洋司令部对朝鲜半岛问题、台湾海峡问题越来越投入，对非洲事务也鞭长莫及。因此，美国非洲司令部应运而生。非洲战区主要负责非洲大陆的绝大部分及周边海域，非洲东北角地区划进了中东战区。

目前，全球除南极大陆外都已被美国划进了战区。如果没有特殊情况，美国六大战区的架构会保持一个相当长的时期。美国各战区负责的范围也将会基本保持不变。从美国武装力量指挥体制来看，美国总统和国防部长两个人构成了国家最高军事指挥当局。当局发出的指令通过参谋长联席会议传达给各战区的总部司令，然后由各战区的总部司令具体执行。从这个指挥链看，美国各战区的总部司令是最具权力的人物，指挥着战区内驻扎和存在的所有美国武装力量，具有独当一面的职能。任何战区内出现危机，该战区司令将全权负责"灭火"。同时,美国各战区又具有相互支援的责任。如中央战区在负责打伊拉克战争和阿富汗战争时，其他战区就派出了军力给予支援。

中国被美国划进了其太平洋战区。这意味着中国一旦出现"事情"，美国太平洋战区的军力就可能采取干预或干涉行动,这一点是不容怀疑的。美国太平洋战区司令曾说过,太平洋战区的军力对中国地区出现的"问题"具有负责的职责。

从这一点不难看出，与其说美国威胁中国的安全，不如说美国太平洋战区在威胁中国安全。2001 年 4 月 1 日，与中国海军航空兵歼 -8 Ⅱ飞机相撞的美国 EP-3 飞机就是属于美国太平洋战区的一架侦察机。

三、美国正发展高速作战武器，欲将作战引入高速作战空间

近年来，美国加大了对空天飞机、超高速巡航导弹等新武器试验的力度。这些新武器的一个突出特点就是速度快。

与传统武器相比，这些武器的作战性能有很大不同，某些方面已经发生了质的变化。如传统武器因为速度"慢"，人们都会"看着子弹将自己打死"；但就超高速武器而言，人们面临的情景可能会是"自己死后才看见导弹打自己"。所以，这些新武器的发展极可能将全球作战引入一个高速作战空间，对未来军事的影响不可低估。

各国军事以美国军事发展走向为"跟进"的方向。如果说冷战时期各国军事分别以美国或苏联为目标来发展的话，"冷争"时代各国都将以美国军事为"目标"来考虑本国军事的发展。这主要是因为美国是唯一的超级大国，美国军事走向对各国军事的发展具有主导性的影响。美国军事走进高速作战空间，这将引导世界其他国家不能不重视高速作战空间的军事博弈。

推动常规武器性能的进一步发展成为新一轮军事竞争的焦点。自从成

为超级大国后，美国一直在世界军事的发展上占据着主动。凭借着经济实力和军事技术的优势，美国首次在世界军事史上使用了核武器，二战后很长一段时期在核武器领域与苏联的较量中独领风骚。

20 世纪 80 年代初期，为了打破 70 年代的“平衡状态”，美国又率先提出“星球大战”计划，将与苏联的军事较量引向太空，在新机理武器领域里展开拼杀，以图夺取军事优势。

冷战后，美国消化完冷战“成果”，以“9・11”事件为契机，通过全球反恐以图整合军事世界，但效果不甚明显，甚至可以说接近失败。为了寻求新的出路并坐稳唯一超级大国的交椅，美国主动提出建立“无核”世界，主动提出裁减核武器，第一次提出不对无核国家首先使用核武器，第一次主动“晒”核武器的家底等。

其实，美国摆出这种姿态，一方面想保持其占据优势的核格局，另一方面想凭借其经济实力展开新的军备竞赛，将其他国家抛在后面，再一方面就是凭借其军事技术优势争取占据常规武器方面的领先地位。因为俄罗斯、欧盟和中国等常规武器研发正不断接近美国，甚至有的已经超过美国，美国出于维持霸权的考虑，也不能不将武器装备发展的重点转向常规领域。所以，常规武器的研发将是新一轮军事战略调整后的一个重点。空天飞机、X–51 导弹等已经拉开了这种常规竞争的序幕。

高速作战武器对武器装备发展可能具有颠覆性影响。武器的发展总是在“矛”与“盾”的对抗中前进。出现了“矛”之后，人们才开始考虑如何设计“盾”。比如，一战时大量机枪的运用使阵地战成为主要作战形式，双方处于一种胶着状态。为了改变这种“不死不活”的状态，坦克出现了。这时的所有常规武器都是以低速作战空间为背景设计的。

超高速武器装备出现后，传统的常规武器完全不能适应这种高速作战空间的要求。如在传统的低速作战空间里，坦克可以通过改变炮塔的材料、外形甚至在外面挂防护装甲等手段提高生存能力。在超高速导弹面前，这种手段将可能都会失去作用。所以，超高速武器装备的出现使作战进入了一个高速作战空间。目前存在的传统武器装备可能都需要来一个颠覆性的改造才能适应未来战场的需要。

四、美国大力构建全球化战场，意欲执未来战争之牛耳

纵观美国称霸史就会发现，美国从二战还没有结束时就开始不断做先声夺人之举。为维护霸主地位，美国不惜冒天下之大不韪对日本实施核打击，占据核武器时代之先。

接着，美国抛出“星球大战”计划，设想依靠自己强大的经济实力和技术优势，通过在新机理武器领域的搏杀，改变与苏联之间形成的不死不活的“核平衡”局面，以图重新夺取对苏的军事优势。苏联解体后，因为美国经济的萎靡不振以及无法实现技术上的突破，不得不最终放弃“星球大战”计划。冷战结束后，美国打起了反核扩散牌，妄图以此为突破口维护其霸主地位。

可是，在实际操作中美国无法有效防止核扩散：印度与巴基斯坦突然爆炸核武器成为事实上的有核国家，朝鲜与伊朗在核问题上与美国周旋……从而使美国在反核扩散问题上“举步维艰”，看不到任何进展。

为打破这种“僵局”，美国采取主动，率先亮出家底，准备以这最后一招稳住其核优势地位。与此同时，美国加大常规武器装备的研制力度，将世界军事竞争的焦点转移到常规武器领域。目前看，美国在常规武器竞争中已经占据先机，取得了不俗的成绩。

冷战后近20年时间里，各国以提高经济实力为中心展开综合国力的竞争。随之而来的是一个新“问题”，主要国家的海外利益不断拓展。

这种利益拓展与美国不断扩大的海外利益必然会出现“碰撞”。所以，某些国家已经开始加快向国外扩展军事影响的步伐：日本不断将其自卫队向海外运用，并在曼德海峡西岸非洲国家吉布提建立军事基地；俄罗斯海军已经恢复全球航行训练，多个舰队频繁举行联合演习，并且还“斗胆”

到美国的家门口加勒比海地区与委内瑞拉军队举行实弹联合演习；印度即将拥有至少三艘航空母舰，大力排斥美国在印度洋军事力量，同时还假借参与阿富汗反恐之机，在中亚塔吉克斯坦建立起空军基地，不断向海外扩展其军事影响；等等。

面对这种形势，美国大有一种危机感。那么，如何利用军事手段保护美国的全球利益呢？那就是率先建立全球化战场。

全球化战场是美国战争指标的必然发展结果。美国先后提出过“一场大战”“一个半战争”“两场几乎同时发生的战争”等。

不难看出，将全球作为一个战场，这也是美国战争指标变化的必然趋势。其实，美国构建全球化战场也是早有预谋的。20世纪90年代，美国就提出了“全球快速打击计划”，要求美军使用常规武器能在一个小时之内对地球上的任何目标实施打击。同时，美军还通过“前沿预置”手法，在距离“易出事地区”比较近的地点提前储存战争物资,以确保美军对“出事地区”的快速反应。目前，美国已经在全球建立起预置网络，完全可以支持美军应对全球各地可能出现的危机。实际上，美国已经建立起全球化战场的雏形。

美军不断试验的新式武器装备有利于全球化战场的进一步完善。美军已经试验了空天飞机和高超音速导弹，还要研制高超音速飞机等。从战术技术性能上看，空天飞机和X-51高超音速巡航导弹完全可以满足一个小时内对全球任何目标实施打击的作战需要。不仅如此，有国外媒体报道，美国正在研制更高超音速的巡航导弹，甚至高达15倍音速。

可想而知，一旦这样的武器列装部队，美军建立全球化战场的构想将不再是梦想。只要美军建立了全球化战场，美国在军事上就又占据了优势地位，从而也就掌握了军事上的主动。

新武器引发全球新一轮军事战略调整。冷战时期，全球军事力量分为两大阵营。各国军事战略都是以这种军事较量为背景来制定的。冷战后，世界进入了“冷争”状态，各国都是以发展经济实力为中心提高综合国力来展开竞争，军事优势的争夺降为次要地位。经过近 20 年的发展，各国的经济实力不断提高。随之而来的是，国家利益的矛盾不断激化，军事斗争又开始有走向前台的迹象。

从目前世界各国军事发展的特点看，新一轮军事战略调整即将展开。新一轮军事战略调整将以什么为基点呢？如果说上一轮军事战略调整是以海湾战争展示的高新技术武器装备为背景，以信息化为中心而进行；这一轮军事战略调整将可能是以全球化战场为背景，以“速度”为中心展开的。这主要是因为：一是美国正在完善其全球化战场的构建。20 世纪 90 年代，美国就提出了“全球快速打击计划”，要求美军使用常规武器可在一个小时内对地球上的任何目标实施打击。为此，美军一方面从“前沿预置”方面着手，使美军在距离全球各“出事点”最近的地方能够得到补给，确保美军对“出事点”的快速反应。当前，美军在武器装备全球“前沿预置”方面已经做得很“到位”了。二是，美国也从研制新式武器装备方面入手，重点研制高速武器，使美军能够快速对全球“出事点”做出反应，如研制高超音速巡航导弹、高超音速飞机和空天飞机等。美军试验的 X–51 超音速巡航导弹就是完善全球化战场的重要一步。因为空天飞机和超高音速飞机的数量不会太多，超高音速导弹将在这“三高”中发挥至关重要的作用。可以说，X–51 巡航导弹的成功为美军构建完善的全球化战场奠定了坚实的基础。

随着经济的发展和经济实力的提高，主要国家已经具备了建立全球化战场的基础。印度、日本已经开始在海外建立军事基地，如印度在中亚塔吉克斯坦有一个空军基地，日本在非洲东北的吉布提建立了一个军事基地。俄罗斯在不断上演全球性军事演习的同时，也在海外寻找建立军事基地的契机。

最近，俄罗斯就与吉尔吉斯斯坦签署协议，租借吉尔吉斯斯坦军事基地，相关协议于 2017 年生效，合同期限为 15 年，依需要可再延长 5 年。

随着全球化的深化，越来越多的国家的海外利益在其国家利益中的权重越来越大。如何保护这些海外国家利益已经是一个敏感的军事问题。面对这种新的军事需求，如何进行军事战略调整摆在了这些国家面前。不管是其他国家建立全球化战场还是本国建立全球化战场，全球化战场将是各国进行军事战略调整时需要考虑的主要基点。总的说来，美国在未来的全球化战场构建中将牢牢地占据着主导地位。

第二节　美国正在中国周边建立导弹防御体系

中国古代有一则关于矛盾的寓言故事。故事说，有一个既卖矛又卖盾的人。他举起矛说，他的矛可以刺穿这个世界上的任何一种盾。过一会儿后，这个人又举起盾说，他的盾可以防住世界上的任何一种矛。一个看客就对这个小贩说，如果拿你的矛来刺你的盾，如何？这个小贩听后哑然，不知如何回答是好。美国就如同这个小贩一样，在世界各地推销其进攻性武器和防御性武器。

除中国等少数几个国家外，美国已经将其各种武器销往世界各地能够出售的国家，包括俄罗斯也在购买美国的武器，即便这些国家不知道美国的防御性武器能否防住其进攻性武器的打击。为了推销其防御性武器，美国在世界各地正在人为地制造所谓的“威胁”。在亚太地区，美国就不断地掀起“中国军事威胁论”，以推销其导弹防御系统。

目前看，美国这一战略举措还是起到了一些效果的，其导弹防御系统确实在中国周边国家中销出去了一些。美国销售导弹防御系统赚了钱，中国的安全却受到了威胁。

一、美国率先拥有“矛”与“盾”，企图攻防皆占优势

二战后，美苏两国竞相发展导弹核武器，并视导弹核武器为军事支柱。冷战开始后，美苏两国先后推出各自的军事战略，即“大规模报复战略”

和“火箭核战略”，其中心就是以导弹核武器为主进行对峙与博弈，但美国的导弹核武器处于优势地位。

随着苏联加速发展导弹核武器，苏联的导弹核武器实力于20世纪60年代下半期时基本与美国达到战略平衡。为改变这一“平局”而重夺优势，美国于1967年开始部署“哨兵”系统，以保护美国本土的人口密集地区。这一系统是美国导弹防御系统的前身。该系统的部署弱化了苏联进攻性导弹核武器的战略威慑力。

一年后，该系统改名为“卫兵”防御系统，保护的目标也由人口密集地区转为美国的战略核力量。这种改变削弱了苏联的战略核威慑力，同时也提高了美国的战略核威慑力。美苏的战略平衡被美国的这一系统推动向美国倾斜，美国又开始对苏联占据一定的战略优势。之后，苏联也大力发展本国的导弹防御系统。

进入20世纪80年代，正当美苏两国又进入某种战略平衡状态时，美国为争取重夺战略优势，独辟蹊径地从太空寻求突破这种平衡。1983年3月,美国提出发展导弹防御系统的“战略防御倡议”,俗称“星球大战”计划。该计划准备于20世纪末之前部署定向能武器，包括攻击卫星和截击导弹的新型反弹道导弹系统等新概念武器。其目的是想通过发展各种先进的非核、高能防御性武器，建立一套太空与地面相结合的多层次立体防御网，对来袭导弹进行多层拦截，并在到达美国本土之前将其摧毁，从而使苏联等国家的核武器成为无效和过时的武器。美国企图通过发展这种武器系统占据绝对战略优势。

冷战后，俄罗斯与昔日的苏联在战略能力上无法相比。美国从而认为俄罗斯已无法与其在军事上处于平衡状态。美国遂于1993年终止了“星球大战”计划，转而发展“弹道导弹防御”计划。该计划由两部分组成：一个是“战区导弹防御系统”，另一个是“国家导弹防御系统”。“战区导弹防御系统”的使命是让海外某个地区或某单个目标免遭近程、中程或远程弹道导弹的打击；“国家导弹防御系统”是指保护美国全境不受任何弹道导弹攻击的战略防御体系。

1999 年 10 月，美国对用于“国家导弹防御系统”的导弹进行了首次拦截技术试验，获得成功。小布什执政后将“国家导弹防御系统”与“战区导弹防御系统”合二为一，统称为“导弹防御系统”。这种防御系统主要用于预防大规模杀伤性武器。

2004 年，美国在阿拉斯加州的格里利堡基地和加利福尼亚州范登堡空军基地开始部署远程导弹拦截系统，美国导弹防御系统正式进入运行。此后，美国不断在欧洲推销该系统。

目前，与美国合作建立导弹防御系统的国家有波兰、捷克、英国、澳大利亚、丹麦、法国、德国、意大利、以色列、印度、日本、荷兰以及乌克兰等国家。同时，美国还准备将其导弹防御系统销往中东等地区。立陶宛、罗马尼亚等国家也正准备加入美国的导弹防御系统。

美国除在全球不断扩展导弹防御系统这种“盾”之外，还大力加强进攻性武器的建设，最为突出的是提高核武器的质量。从历史上讲，希特勒领导下的德国是世界上第一个从事原子弹研制的国家。然而，美国却是第一个使用核武器的国家，1945 年 8 月 6 日、9 日，美国先后在日本的广岛和长崎投下了原子弹。

在与苏联争夺世界霸主的过程中，美国大力发展核武器，成为世界上拥有核武器数量最多的国家,同时也是核武器能力最强的国家。冷战时期，美国与苏联之间为各自的国家利益在核能力上讨价还价，不断追求在平衡中的优势。苏联解体后，美国与俄罗斯在核能力上又展开争斗。

2010 年 4 月，美国与俄罗斯签署了新的《削减和限制进攻性战略武器条约》(以下简称《条约》)。该《条约》规定，美俄两国部署的核弹头数量在未来 10 年内将分别减少至 1550 枚以下，所部署的运载工具不超过 700 件，部署与库存运载工具总数不超过 800 件。根据这一要求，美国计划把其部署的装载单一核弹头的 450 个洲际弹道导弹系统减少到 420 个，甚至还要更少。拥有核武器投放能力的 B-52 和 B-2 轰炸机的数量从 94

架减少到60架，其余将改作常规用途。按照条约，美国改作常规用途后的战略轰炸机将不计入核武器运载工具。同时，美国保留其列装的14艘战略核潜艇，每艘核潜艇携带的导弹数量从24枚减少到20枚。美国承诺，任何时间部署的潜艇核导弹总数不超过200枚。为了继续保持其核优势，美国在与俄罗斯签署新核条约后不到一个月就要求国会在10年内投入1800亿美元作为核武库升级的费用。

不难看出，美国仍然要维护其核武器数量与质量第一的地位。与此相对应，中国却在核力量上仍然坚持自己的原则，即恪守在任何时候任何情况下都不首先使用核武器、贯彻自卫防御核战略、无条件不对无核武器国家和无核武器区使用或威胁使用核武器的承诺。中国人民解放军第二炮兵部队主要担负遏制他国对中国使用核武器、进行核反击和常规导弹精确打击任务。中国的核力量规模有限，核能力有限，因美国核能力的不断提升，中国核力量的战略威慑力不能不受到削弱。

二、日本与美国加速提高导弹防御技术水平，打造刀枪不入防护罩

二战后，日本是美国在东北亚地区最早的战略盟友，成为美国推行全球称霸战略中的马前卒。冷战时期，日本是美国遏制社会主义国家的一枚重要棋子，被美国牢牢地绑在了一个战车上。20世纪80年代美国推出其“星球大战”计划后，日本就参与了这一系统的研发，成为最早参与美国这一系统研发的国家之一。这主要是因为，美国将在日本构建导弹防御系统视为其亚太地区导弹防御系统的最重要的组成部分。同时，美国拉拢日本的目的还在于利用日本的技术为其服务。1996年，日本与美国达成协议，如果日本周边国家发射了导弹，美国将向日本提供由预警卫星获取的预警信息。这一协议推动了日本与美国军事一体化的进程，为日本加入美国的导弹防御系统研发起到了催化剂的作用。1997年6月，日本防卫厅研究

后认为，其建立导弹防御系统在政治上和军事上对日本都是有益的。随后，日本加大了参与美国导弹防御系统的研发力度。

1998 年 8 月 31 日，朝鲜以发射卫星的名义首次飞行试验“大浦洞 -1”型弹道导弹，导弹的第二级助推火箭飞过日本上空，落入太平洋。在这种情况下，日本国会立即通过决议，要求政府采取各种可能的手段确保日本国民的安全。于是，日本与美国在 1999 年 8 月正式签署合作研究“海军战区导弹防御系统”技术的备忘录。

2001 年 12 月 31 日，美国宣布退出与苏联共同签署的反弹道导弹条约，即为俗称的“反导条约”。这一做法进一步推动日本更加密切地与美国合作研制、生产和部署弹道导弹防御系统。

2002 年 12 月，美国宣布从 2004 年开始部署初始的陆基中段、海基中段和 PAC-3 系统。美国的这一举动促使日本下决心部署导弹防御系统。

2003 年 8 月 23 日，朝鲜宣布其已经拥有了核武器并准备进行试验。朝鲜的这一动作刺激日本在部署导弹防御系统上迈出了最后一步。24 日，日本宣布其要从美国引进导弹防御系统，以保护日本的大城市免遭朝鲜弹道导弹的攻击。

2005 年 2 月，日本防卫厅与美国国防部达成协议，把日美双边的导弹防御技术研发计划推进到发展阶段，即进一步推动两国合作进行的导弹防御系统的技术水平向更高的层级发展。其主要内容就是将美国已经部署并在战争实践中使用过的先进防空与导弹防御系统 PAC-3“爱国者”系统的技术水平进一步提高，推出更先进的系统“标准”-3 Ⅱ型拦截弹。

2009 年，日本与美国在美国空军驻日本的横田基地建立了一个联合防空指挥中心。这使得日本与驻日美军的防空力量与指挥控制实现了一体化。

日本部署的导弹防御系统主要由两部分组成：一部分是部署在“宙斯盾”驱逐舰上的“海基高层弹道导弹防御系统”（“标准”-3 Ⅱ防空导弹，简称 SM-3），其主要用于射程在 3500 千米以下的中、近程弹道导弹的防御。

另一部分是以第三代“爱国者”导弹（PAC-3）拦截系统为主体的“陆基岛内低层弹道导弹防御系统”。该型导弹射程达100千米以上。

2009年3月，针对朝鲜发射卫星或导弹的举动，日本计划在朝鲜发射时用陆基“爱国者”导弹进行拦截。这是日本二战后首次启动导弹拦截系统。不难看出，日本的导弹防御系统已经进入实战运用阶段。特别指出的是，“爱国者”导弹（PAC-3）的弹头采用的是“碰撞杀伤”方式而不是过去的“碎片杀伤”方式，杀伤力更大。2012年日本导弹防御系统再一次进入实战状态。3月31日，针对朝鲜的可能发射，日本防卫大臣根据《自卫队法》下令对朝鲜的发射物进行拦截，要求导弹防御系统做好迎击准备。4月初，日本再一次启动“爱国者”导弹（PAC-3）地对空拦截弹系统，准备对朝鲜的可能发射实施拦截。日本的计划是：在海上自卫队“宙斯盾”舰拦截导弹失败后，使用“爱国者”导弹（PAC-3）在对方发射物落地前再次实施拦截，以提高拦截的有效性。这些表明，日本已经建立起可用于实战的导弹防御系统，并且与美国的导弹防御系统形成了一体。借助于美国导弹防御系统中的预警系统，日本取得了东北亚地区导弹防御的优势地位。

三、美国正推动与韩国的导弹防御一体化，使美、日、韩三国形成东北亚一体化导弹防御网

韩国认为，朝鲜是其面临的周边安全威胁中最主要的威胁。朝鲜人民军由陆军、海军、空军、炮兵指导局和特种作战部队五个部分组成。在这些军兵种当中，也有让韩军和美军害怕的东西，那就是朝鲜炮兵指导局所辖的力量。

朝鲜的炮兵指导局掌控朝鲜的战略导弹部队。它拥有“飞毛腿”各种型号的导弹、“大浦洞”各型导弹，以及其他型号的导弹。该局曾在2009年成功地进行了飞越日本的导弹试验。据美国方面估计，朝鲜的导弹最远

射程已经达到了 6700 千米。

目前，朝鲜已经部署的导弹射程达到了 3200 千米。据美国估计，朝鲜方面部署的各型导弹已有 800 枚之多。美国方面猜测，朝鲜已经拥有了 29 枚核武器。这部分力量是韩国以及美军非常害怕的。但是，韩国对朝鲜这种导弹威胁的防御还显得非常脆弱。即便韩国已经投入很大财力建设导弹防御系统，该系统却至今还没有建成。

在东北亚地区韩国和日本这两个美国的盟国中，韩国在导弹防御系统的建设上比日本要迟。在 2007 年 6 月第六届亚洲安全峰会上，韩国国防部长正式宣布韩国从 2008 年开始建立导弹防御系统。此后，韩国不断加大投入，计划于 2015 年左右建成本国的导弹防御系统。届时，韩国将基本具备防御朝鲜中短程导弹的打击的能力。

美国认为，韩国是美国反导系统的重要伙伴国家，美国在构筑反导系统方面将与韩国分享必要的要素。自日本加入美国的导弹防御系统后，美国一直邀请韩国加入其导弹防御系统,使东北亚地区形成一个美韩日一体、美国主导的导弹防御体系。但是，韩国至今还没有像日本一样加入到美国的反导系统，同时也拒绝加入美日两国建立的导弹防御体系。由于受到朝鲜方面的导弹压力，韩国正紧锣密鼓地构筑独立于美国控制之外的导弹防御系统。韩国在导弹防御系统建设方面的特点表现为这样几个方面：

一是主要针对朝鲜的战术导弹构建其导弹防御系统。韩国的导弹防御系统与美日的导弹防御系统不同：美日导弹防御系统主要是以拦截远程导弹为目的的地区性导弹防御系统，韩国导弹防御系统主要是拦截和监视来自朝鲜的导弹。朝鲜的导弹主要是改进型的“飞毛腿”和“大浦洞”导弹。韩国导弹防御系统主要防御的是朝鲜射程 300 ~ 500 千米的“飞毛腿”导弹和射程达 1300 千米的“劳动”导弹。这些导弹都属于战术性导弹。由于韩国认为其受到的威胁主要来自朝鲜，韩国的导弹防御系统主要针对朝鲜而构建也就可以理解了。

二是首先构建低空导弹防御系统。据韩国媒体报道，与美国导弹防御体系不同，韩国目前建设的导弹防御系统主要是拦截在高度 100 千米大气层以内飞行的弹道导弹。针对朝鲜的战术导弹威胁问题，韩国建立导弹防御系统第一步是将低空导弹防御作为重点。之后，随着韩国周边安全形势的变化以及其国家战略和军事战略的调整，韩国的导弹防御系统或会进一步升级。未来一个时期时，韩国的导弹防御重点还是紧紧围绕低空弹道导弹的威胁这一中心进行。

三是坚持本国为主、外援为辅的方针，采取紧紧依靠本国技术，部分引进国外先进技术来构建韩国自主的导弹防御系统。按照韩国国防部的设想，韩国导弹防御系统将包括“宙斯盾”舰载对空导弹系统和经过改良的“爱国者”（PAC-3）导弹拦截系统，以拦截低空飞行的短程和中程导弹。虽然韩国的反导技术无法与美国和日本相比，但韩国仍然希望反导系统能依赖本国的技术构建。目前看,韩国一方面依靠现有的技术研制反导体系，另一方面也引进一些国外的反导系统来学习吸收其他国家反导的经验和技术。这使韩国的反导研发进程不断加快。韩国极可能成为东北亚地区具有较强反导能力的国家。

四是导弹防御系统的复杂程度不像日本那么高。韩国计划其导弹防御系统分为弹道导弹早期预警系统、C4I（指挥、控制、通讯、计算机和情报的集成）体系和陆基多层拦截导弹等三大部分组成。韩国之所以这样做，主要是因为其反导系统主要防的还是朝鲜的导弹。因为朝鲜的导弹攻击水平是比较低的,韩国也将其初步建立的反导系统定位在一个低层级水平上。

五是大力加强反导系统的技术保障建设。目前，韩国已经出台一系列技术保障计划。其中，韩国准备在 2015 年前发射 3 颗军事侦察卫星，同时还将发射 17 颗民用卫星，使本国的导弹防御系统不依赖美国，依靠自身的太空系统就可保障反导系统的运行。

六是不排斥美国的支持。韩国在导弹防御系统构建上采取“两条腿”走路的原则，即主要依靠本国的力量进行研发，同时也积极从美国、俄罗斯等国引入技术弥补本国反导研发能力方面的不足。虽然韩国既不加入美国的全球导弹防御系统，也不依赖美国的导弹防御系统，但是这并不表明韩国不需要美国的技术与装备。2006 年，韩国就已经开始购入美国的“爱国者”导弹和远程预警雷达，以加快其反导系统建设的速度。这说明，韩国还是希望获得美国的先进反导技术装备来加快本国的反导系统研发的进程。韩国之所以改变依靠本国力量来研发反导体系的初衷，其主要原因还是朝鲜半岛的形势不断出现恶化，其推动韩国不得不加快反导体系研发的速度。

目前，美国正在积极与韩国磋商，如何构建一个美韩一体化的导弹防御系统。美国的主要作用是协助韩国建设导弹防御系统。同时，韩国与美国也在探讨共同建立探测和识别拦截导弹数量、朝鲜导弹基地和研发体系问题。特别是,美国与韩国双方还在探讨如何整合韩军的“爱国者”导弹、中距离对空诱导武器、巡航导弹、“宙斯盾”舰和驻韩美军的“爱国者”拦截体系、侦察卫星监测体系，并合二为一运行等问题。

这些都说明,美国与韩国的导弹防御体系正在向着一体化的方向发展，美国在东北亚的导弹防御体系网将得到进一步完善。不言而喻，美国的导弹防御前沿也随之向中国逼近，中国受到的威胁也在加大。

四、美国正将导弹防御系统向中国陆上邻国渗透，其亚太战略遏制目标直指中国

虽然美国称，亚洲导弹防御系统“旨在防御来自朝鲜的导弹威胁，它们不是针对中国的”，但事实上美国除了向亚太地区的盟国韩国和日本输出导弹防御系统外，还不断将这一系统向亚太地区其他国家推销，使其军事影响在这些国家发挥作用，达到控制这些国家军事和遏制中国军力的目的。美国搞的导弹防御体系，从表面上看是防御性的措施，实质也是一种进攻，向它认为的对手采取的一种进攻性的行动。我们必须辩证地看清楚这一点，不能被美国所谓的防御性假象所迷惑。

随着美国全球称霸战略重心的东移，美国已将建立一个覆盖亚太地区的导弹防御网列入了日程。当然，美国的这一导弹防御网是不可能将中国列为成员国的，而是一个针对中国的导弹防御体系。为此，美国近年来加大了对除中国外的其他有关国家输出导弹防御系统的力度，同时不断探索多种途径来支持这种导弹防御体系的构建，其基本特征就是计划在亚太地区大规模扩张导弹防御系统。

一是构建支撑导弹防御系统运行的保障体系。目前，美国正与日本探讨在日本南部一个岛屿部署强大的预警雷达，即 X 波段雷达，以便与 2006 年部署在日本本州岛北部青森县的一个 X 波段雷达相配合。

2012 年 9 月 17 日，美国国防部长帕内塔在访问中国的途中突访日本，与日本达成协议，两国将在日本的南部岛屿部署一个新的 X 波段雷达。同时，为了加速构建亚太地区导弹防御体系，美国正在东南亚地区选址，构建另一个 X 波段雷达，推进其在亚太地区一体化导弹防御体系的进程。一旦美国在东南亚地区设置了另一个新的 X 波段雷达后，美国在亚太地区就有了三个 X 波段雷达，形成了一个弧形雷达网，这就可以保证美国及其盟国都可以更加准确地追踪和监视任何来自其认为的对手国家的弹道导弹。为达此目的，美国正与菲律宾、澳大利亚等国探讨选址问题。

二是加大向中国延伸其导弹防御系统的部署。随着美国在全球构建导弹防御体系的计划一步步地出台，美国已经在日本、韩国、波兰、捷克、澳大利亚以及美国的阿拉斯加地区和其他地方加紧部署导弹防御系统，同时也开始了将其导弹防御系统的部署向中国延伸的步伐。美国正计划将其导弹防御系统卖给中东地区，南亚地区、东南亚地区等靠近中国的相关地区，以及中国的台湾地区。

2010 年 1 月，美国政府承认已计划向中国的台湾地区出售 200 枚先进的“爱国者”（PAC–3）反导导弹，同时还计划向台湾出售多艘护卫舰。台湾方面准备将这些护卫舰技术升级后安装美国的“标准”–3 反导导弹，形成海地和陆基反导能力，以拦截中国大陆的弹道导弹。

2012年6月，海湾地区的沙特阿拉伯、巴林、科威特、阿曼、阿拉伯联合酋长国、卡塔尔和美国开始筹划在该地区建立一个导弹防御网。目前，阿拉伯联合酋长国已经有了美国的“爱国者”防空导弹，科威特也已经拥有了该类防空系统，沙特阿拉伯正在寻求升级美国出售给它的“爱国者”导弹。一方面这说明美国将向海湾国家出售更多的“爱国者”地对空导弹，另一方面也说明在海湾地区继欧洲导弹防御体系之后的又一个新的地区性导弹防御体系正在形成。南亚地区，印度已经拥有了美国的“爱国者”反导系统。除中亚和俄罗斯方向这个“缺口”外，美国几乎在中国周边建立起一个包围中国的导弹防御网。

五、中国导弹威慑力正被弱化

随着全球化的不断深入，各国的国家利益越来越融合。地区动荡和局部战争不时出现，发生大战的可能性却在下降。这并不意味着各国间的矛盾和冲突在消融，反而各国间的矛盾越来越多，有时矛盾激化得还十分尖锐。尤其是大国间的军事博弈日益激烈。

人们都知道,判断一个国家军事实力的强弱是离不开许多时代因素的，同时实力强弱是一个相对的概念。人们不能脱离时空来谈论实力强弱。进入21世纪后，中国不断加大国防投入，军事实力从发展的历史纵向比确实有很大的提升。如果与周边国家，尤其是美国的军事发展比，中国的军事在一些方面事实上是被弱化的，特别是导弹方面表现得更为突出。主要原因有这样几个方面：

一是美国的导弹防御系统不断提升技术水平。近年来，中国的导弹技术水平在持续提高。可是，美国的反导技术水平也在加速上升。导弹攻防技术水平的平衡不断被打破，并且美国持续占据优势。美国在海湾战争时期使用的反导导弹用的是爆炸技术，如今已经发展成为撞击技术了。2011年，美国研发反导导弹的公司进行了新的试验，再一次将反导技术推向一个新层级。这种导弹名为PAC-3“导弹分段增强”（MSE）导弹。该导弹是在经实战检验的制导增强型导弹系列和“爱国者”系列可用的拦截器基础之上形成的一种新的技术与能力集成体。这种导弹一旦列入现役，其发挥的影响不可低估，作战性能远远超出已经列装的同类导弹。

二是中国发展导弹并不是要与美国展开竞争。自20世纪50年代中国开始有了导弹后，中国一直将导弹这种武器作为重要的防御性手段。中国按照本国的防御政策不断完善防御体系，导弹的发展也是按照战略需要不断取得进步的。因此，中国导弹体系完全是按照中国特色的要求构建的。美国发展导弹的思维与中国不一样。首先，美国是以全球各国，尤其是有实力挑战其霸权的国家为主要对象的；其次，美国要保持其导弹水平占据优势地位；最后，美国不仅要有导弹进攻能力，还要有导弹防御能力。所以，美国在导弹发展上不仅要占据优势地位，还要争取拥有绝对优势。美国大力发展导弹防御系统就是一个例证。美国的导弹拥有先进的进攻能力。美国并不因此满足，还要大力发展防御能力，其目的就是削弱可能对手的进攻能力，以夺取攻防双优势。

三是中国周边国家的导弹发展速度提速。进入21世纪后，中国周边国家不断加大发展导弹的投入，不断列装新式导弹，使导弹作战能力出现了提速增长的态势。这表现在两个方面：一方面是自主研发的导弹进程不断提速；另一方面是购入导弹的力度不断加大。这种“提速”在中国周边几个国家的表现特别突出。

日本是亚太国家中最早自主研制出导弹的国家之一。1957年，日本就研制出第一代反坦克导弹。之后，日本便以坦克导弹为核心不断扩展导弹研制的种类。至今，日本的导弹技术位居世界先进行列。由于“和平宪法”的限制，日本大张旗鼓发展的导弹都是防御性导弹。

其实，日本在暗地里还花大力气发展非防御性导弹，如远程导弹、巡航导弹等。日本早在20世纪50年代就开始研究固体火箭发动机技术。1969年，日本从美国引进了由中程弹道导弹改装的一种运载火箭，从而掌握了大型火箭发动机的技术。1996年2月，日本成功进行了高超音速飞行试验，攻克了3000千米中程弹道导弹技术。1997年2月，日本又成功进行了一次发射卫星的试验，验证了其已具备将重达3吨的弹头投送到1万千米以上距离的能力。这表明日本已经掌握了洲际导弹的技术。2004年日本防卫厅的五年《中期防卫力量整备计划》中就明确表示，日本将开发地对地攻击型导弹。同时，日本还在研制一些新型导弹，如高超音速反舰导弹、隐形导弹等。

同样，印度也在加速"综合导弹发展计划"的实施。近年来，印度频频试射各种新型导弹，导弹的射程越来越远。同时，印度也加快了导弹的列装速度。印度不仅将其近程的"大地"导弹装备了部队，还将其"烈火"型中程导弹也装备了部队。目前，印度中程导弹的射程基本可以覆盖中国的全境。对此，印度并不满足，正在加速研制射程达7000千米以上的远程导弹和洲际导弹。

中国周边某些没有能力研发导弹的国家不断加大投入，积极从国际军火市场购入各型导弹。一时间，中国周边形成了研发导弹热、购买导弹热、装备导弹热这种具有区域性特点的热闹景象。这种景象对地区安全是十分不利的，同时也极大地威胁了中国的安全。

第三节　美国在中国家门口部署先进武器

冷战时期，出于与苏联战略博弈的需要，美国始终将其军事部署的重点放在西欧，其次是东北亚。冷战后，美国海外军事部署从欧洲向亚太方向倾斜，亚太地区也由东北亚地区向东南亚地区调整。尽管出现了这种调整，但美国在欧洲和亚太地区的兵力部署仍然保持着大致持平状态。

如今，美国计划进一步调整军事部署，使亚太地区的兵力大于其在欧洲地区的兵力，这已经折射出美国的全球海外军事部署重心正在发生变化。这导致中国家门口的美国武器会越来越多，针对中国部署的武器也会越来越多。

一、美国正将全球武器部署重心向亚太方向转移

二战后期，美国与苏联争夺势力范围的斗争已经悄然兴起。战后，德国被肢解，越南、朝鲜等地相继发生了局部战争，这都是美苏两国争夺地盘的表现。

在北约和华约两大军事集团形成后，美国以欧洲地区为重点与苏联展开对抗，所谓的横亘欧洲大地的“铁幕”就是这种对抗的形象描写。美国将其海外军事部署的重点放在了欧洲地区，西欧地区也就成为美国海外武器部署的重中之重。

中苏分裂，尤其是中苏两国边境冲突发生后，美国更加大了其在西欧地区部署武器的力度。美苏两国在欧洲地区部署武器的竞争愈演愈烈，最后导致了《欧洲常规武装条约》等文件的出现，以限制欧洲地区的兵力部署，缓解欧洲地区的对抗。

冷战后，美国一方面实施海外部署兵力的全球收缩，另一方面对全球海外兵力的部署进行调整。即便海湾战争、伊拉克战争和阿富汗战争的发生使美国加大了海外驻军的兵力，美国海外部署从总体上看还是处于收缩的态势。

随着美军作战部队撤离伊拉克和驻阿美军从阿富汗撤军计划的出台，美军驻海外兵力的总体规模是处于继续压缩趋势的。在缩小驻海外兵力规模的形势下,美军大力调整其海外驻军的部署。其中的一个重要表现就是，美国大力向亚太方向调整其海外武器部署的重心。

目前，亚太地区正成为国际焦点地区。这主要是因为美国正将其全球战略重点向亚太方向转移，其重要表现就是美国在亚太地区的军事部署正成为其全球部署中的重点地区。

对此，美国已经制订了具体的海外武器部署计划：美国国防部长在

2012 年“香格里格对话”会上表示，美国未来 8 年内的全球海外军事部署将实现由以欧洲为重点向以亚太为重点的转移。到 2020 年，美国海军将改变目前在太平洋与大西洋分别部署 50% 力量的布局，变为太平洋地区占 60%，大西洋占 40%；在航空母舰保持 10 艘规模的情况下，美国计划将其中的 6 艘部署到太平洋地区。为了适应这种形势发展的需要，美国在亚太地区采取了一系列举措：

一是建立新的军事基地。目前，美国着力在亚太地区构建新的军事基地体系。其中，在该地区建立新的军事基地就是一个重要举措。美国在澳大利亚达尔文建立的军事基地就是最为突出的一例。

随着“脱欧入亚”政策的推行，澳大利亚积极发挥其在亚太地区的作用，尤其是极力在美国的亚太战略中发挥作用。为了配合美国的亚太战略，澳大利亚允许美国在其北部达尔文地区建立大型的军事基地。美国已经在该处基地驻扎了 250 名美军官兵。美国还计划 2016 年之前将驻该处的兵力增至 2500 人。这是自二战以来美国在澳大利亚最大规模的一次驻军行为，同时也是美国在南太平洋最大规模的驻军。美国在澳大利亚首开建立新军事基地之先河后，可能会继续在亚太地区开设新的军事基地。美国正在与菲律宾磋商，计划在菲律宾的棉兰老岛、巴拉望岛等地开设新的军事基地。

值得关注的是，美国正积极推动菲律宾支持其在靠近中国南海地区的巴拉望岛开设新的军事基地。如果这个基地能够设立，其对美国影响南海地区事务将发挥重要的作用。

二是探讨重新启用关闭的军事基地。为了完善其亚太地区军事基地体系，美国还在与有关国家探讨重新启用已经关闭的美军基地，如与菲律宾磋商重新启动克拉克基地和苏比克基地，与新加坡商讨其海军舰艇驻扎新樟宜基地的问题等。

克拉克空军基地位于菲律宾首都马尼拉以北约 75 千米处，占地 50 多公顷，曾是美国在海外最大的军事基地，也曾是美国在亚洲最大的空军基地。苏比克海军基地位于菲律宾首都马尼拉西北约 80 千米处，拥有 25 平方千米土地和水域，曾是夏威夷以西美国主要的海军基地，是美国第 7 舰队维修补给中心和重要的海运中转站。1992 年，由于菲律宾参议院反对美国在菲律宾扩大军事存在，美国被迫关闭了这两个基地。

近年来，美国给予菲律宾各种小恩小惠。在菲律宾国内经济状态不景气和菲律宾极力向美国靠拢心理的双重作用下，菲律宾国内同意美国重新启用克拉克和苏比克两个军事基地的呼声越来越高。菲律宾国防部的一名高级官员曾说，只要提前获得菲律宾政府的许可，未来美国军队、战舰以及飞机都将可重新使用它们在菲律宾的苏比克湾、三描礼士省和克拉克的旧有军事设施。

不难看出，一旦美军需要，美国国会立即向菲律宾提出申请，菲律宾也会立即同意美军重新使用这些昔日军事设施的请求。同样，新加坡也有同意美国重新使用樟宜军事基地的意向。美军曾经在新加坡的樟宜海军基地驻扎。目前，新加坡已将樟宜基地扩建，改造成一个大型的海军基地，面积约是昔日基地的 3 倍，占地面积达 86 公顷，停泊海域面积达 128 公顷。樟宜海军基地位于樟宜机场附近，同时因其在马六甲海峡的南出口，这使其具有重要战略价值。美国正是看中这一点，才决心重返樟宜海军基地。2001 年 3 月，美国的“小鹰”号航空母舰访问樟宜海军基地，暗示了美军重返该基地的想法。2011 年 12 月，美国国防部官员曾向外界透露，美国和新加坡正协商在樟宜海军基地部署美国海军新型军舰等事宜。可以看出，美军重启樟宜海军基地也是指日可待了。

三是探讨租用新的军事基地。金兰湾海军基地是越南一个地区海军司令部所在地。冷战时，该基地曾经是苏联海军在东南亚地区的一个重要基地，对苏联与美国在东南亚和亚太地区以及全球的军事博弈发挥了重要的作用。

金兰湾港位于越南庆和省东南部，水域面积达 98 平方千米，分内港与外港，海湾水深为 16 ~ 25 米。可同时停泊航母等大型军舰约 40 艘或 4 万吨以下有舰船 100 余艘。由于其扼守太平洋和印度洋的连接通道，距离太平洋和印度洋的国际航线不足 1 小时航程，所以该港具有重要的战略价值。正是因为这一点，美苏（俄）都想拥有该军事基地。

人们知道，冷战时期苏联控制着金兰湾军事基地。实际上，该基地是美国建设的。二战后法国殖民军从越南撤军，美军进入越南，便开始对金兰湾投入本钱。1965 年，美军在金兰湾建起一个面积达 260 平方千米的机场，这成为其侵略越南的最大军事基地。美军结束越南战争后，越南与苏联的关系开始密切。作为越苏结盟的一个重要条件，越南在 1979 年将金兰湾军事基地交由苏联使用，租期 25 年。该基地成为 20 世纪 80 年代苏联在海外最大的军事基地。冷战后，越南不断向俄罗斯提出各种条件，逼俄罗斯退出金兰湾基地。1998 年，越南向俄罗斯提出最后通牒，要么支付 3 亿美元的年租金，要么 2004 年租期满后退出。2001 年 10 月，俄总统普京根据俄海军总司令部的建议，决定退出金兰湾基地。2002 年 1 月 1 日起，俄在金兰湾的基地关闭。

随着俄罗斯军力的提升和不断向海外扩展其军事影响以及美国亚太新战略的推行，金兰湾基地成了美俄之间军事博弈之地，也成了越南与美国和俄罗斯博弈的筹码。金兰湾基地对美国构建亚太军事部署发挥着重要的作用。一旦美军驻进金兰湾基地，这一基地与新加坡的樟宜基地、菲律宾的克拉克和苏比克两基地将构成一个犄角之势，对于美国控制南海形势和国际航线将发挥重大作用，对于美国主导南海和整个东南亚地区安全形势也将发挥重大作用。

实际上，美国早在 1994 年就开始与越南接触，探讨进入金兰湾基地的问题，如当时美军太平洋舰队司令理查·马克就曾向越南提出在金兰湾重开军事基地这类问题。在美军积极“关注”金兰湾基地的同时，俄罗斯也在“关注”该地区。

经过普京和梅德韦杰夫的努力，俄军力大为提升，开始向海外扩展军事影响，重振其大国的雄风。2010 年 10 月，俄罗斯海军参谋部就曾向外界表示，俄罗斯海军已经完成了有关恢复金兰湾海军基地工作的资料论证，如果可能，3 年内就可重新启用越南金兰湾海军基地，并表示租期至少在 25 年以上云云。这说明，如果美国想占据金兰湾基地，必将与俄罗斯有此一搏。

二、关岛正成为美国的“战略岛”

在美军新一轮全球军事部署调整中，西太平洋上的一个小岛——关岛有着举足轻重的战略地位。近年来，美军在关岛的部署层层加码，甚至计划向关岛长期增派一艘航母，使美国在西太平洋地区的航空母舰达到两艘，美军在亚太地区采取军事行动的能力将得到空前加强，关岛正在成为美国推行全球称霸战略中的一个“战略岛”。

关岛位于西太平洋上的交通要冲。关岛位于北纬 13 度 26 分、东经 144 度 43 分，是太平洋西部马里亚纳群岛最南端的一个岛屿。它狭长的岛形像一棵巨大的枯树干，沿东北—西南方向卧于大洋之上。关岛东西宽在 4～8 千米之间不等，南北长约 50 千米，面积 540 多平方千米，是马里亚纳群岛中的第一大岛。岛上建有国际机场，辟有七条国际航线。加之靠近多条海上国际运输航线，可扼守美国宣布要控制的全球 16 个航道中的 6 个，关岛遂成为西太平洋空、海交通的重要枢纽。从地理上看，在东南亚和夏威夷之间广阔的太平洋中，唯有关岛所处位置最为优越。如果舰只从关岛出发，4 天之内即能抵日本、菲律宾、澳大利亚北部和马六甲海峡。驻扎在关岛的美国海、空军力量，能够遏制北至对马海峡、南至马六甲海峡的广大海域，也可对日本、菲律宾、澳大利亚及亚洲大陆的所有国家进行战略威慑。

由于扼守西太平洋的交通要冲，关岛在历史上一直是兵家必争之地。1898 年美西战争后，美国从西班牙手中得到关岛，便开始在岛上建立军事基地。1941 年珍珠港事件之后，该岛被日本军队占领。1944 年，为了夺回关岛，美国付出了沉重的代价。当时，19000 名日军在一名中将师团长的率领下把守该岛。登岛之前，美国海、空军对该岛进行了连续 13 天的炮击和轰炸，最多一天投弹量达 72.7 万千克，发射火箭 147 枚。最后，美军以伤亡 7800 人的沉重代价占领了关岛。关岛的胜利使美国获得了后勤基地、潜艇基地和空军基地，直逼日本本土，加速了日本战败的进程。

1950 年，美国通过法案，宣布关岛为美国“未合并的领土”，划归美国内政部管辖。此后，尽管联合国托管理事会多次通过决议，呼吁美国撤除在关岛上的军事基地，给岛上居民以自治权，但美国政府一直置若罔闻。

关岛是冷战的“桥头堡”。冷战开始后，关岛被建成了美国在西太平洋上的重要军事基地：岛的北部建有安德森战略空军基地，中部建的阿普拉人工港为海军核潜艇基地，首府阿加尼亚还建有海军航空兵基地等。同时，关岛也是美国第七舰队的三个主要基地之一。岛上各种军事设施约占全岛总面积的 1/3。

为推行遏制战略，美国在西太平洋地区构建了三大海军基地群：以日本横须贺海军基地为中心的东北亚基地群，以菲律宾苏比克湾基地为中心的东南亚基地群和以关岛为中心的密克罗尼西亚基地群。美军驻马里亚纳海军司令部、太平洋总部前进预备指挥所都设在关岛，岛上的安德森空军基地是美国战略空军在西太平洋的指挥中枢和前进基地。

在近半个世纪的冷战中，关岛一直都是美军在亚洲前沿的重要支撑点，对美苏争霸发挥了重要的作用。朝鲜战争期间，安德森空军基地是美军本土重型轰炸机部队前往朝鲜半岛最重要的中转基地。越南战争期间，美军远程轰炸机 B –52 曾从安德森空军基地起飞，对越南人民军基地、补给线、部队集结地和平民区进行了长达数年的狂轰滥炸。

关岛是美国称霸全球的“战略岛”。冷战后，美国曾缩减驻关岛的军事力量。1995 年，美军一度关闭了岛上的阿加尼亚海军基地。随后，美国又大规模减少岛上的海军活动，仅在阿加尼亚市郊保留了两处用于后勤保障的海军设施。

然而，从 1998 年开始，美国再次重视关岛在亚太地区的军事价值。

特别是2000年，美军突然180度大转弯，迫不及待地要加强关岛的军事力量，在该岛进行军事部署的速度和规模也达到了惊人的程度。8月，美国太平洋空军把64枚常规空射巡航导弹秘密运抵关岛；10月，美国海军的一个调查小组专程前往关岛基地进行实地考察，调研将3艘核动力攻击潜艇部署在关岛的可能性；11月，美国海军将第一批CH-60直升机部署在关岛的安德森空军基地，这种直升机能够执行两栖作战、搜索、救援、部队垂直增援等多种任务；11月27日，美国空军宣布，在太平洋的关岛、印度洋的迪戈加西亚岛等地建立4个战略轰炸机的海外中继站并预置部分弹药，以应付美军未来在亚太地区卷入较大规模的军事冲突时可能出现的各类导弹及炸药告急的情况。2001年3月21日，美国海军作战部长克拉克上将在视察关岛基地时表示，要加快关岛的基础设施建设，为未来美军大规模进驻做好准备。

近年来，由于日本的反美浪潮不断加剧，美军在日驻军规模不得不一再压缩，而为了避免将美军部署在朝鲜军队的火力攻击范围内，美国也计划逐步缩减在朝鲜半岛的驻军。在美国全球战略新一轮的调整中，美国提出要将其亚洲地区军事部署的重点从东北亚转向东南亚，兰德公司也建议，将中国大陆和台湾之间军事冲突的潜在可能作为美国关注的重点，建议靠近台湾部署军事力量，使美军在中国大陆“进攻”台湾时，可利用该地区的港口和机场对台进行军事支援。

从美国最近宣布的海外驻军大调整看，美军有意加强“战略岛”的建设，关岛就是其中之一。所谓“战略岛”，就是在美国的全球战略布局中起着关键作用的一些地区，如关岛、波兰、迪戈加西亚、中亚和高加索地区等。

实际上，关岛将是美军实施全球机动作战三条战略线的“交点”。美军将其太平洋战区的“基点”由夏威夷向关岛延伸，东亚地区的重点由朝鲜半岛向关岛方向南移，欧亚大陆的战略重心由欧洲向亚洲方向移动。由此，上述三条战略线将汇于关岛。

美军从关岛向北可以威慑朝鲜半岛、控制朝鲜海峡，对我国的华东地区造成威慑，对可能的台湾海峡危机实施干预，并可快速前往南海，控制马六甲海峡的国际航道。同时，关岛基地与印度洋迪戈加西亚基地联动可对中亚、中东及非洲等地做出反应。

对此,美国在关岛采取的重要举措主要表现为:第一,加大关岛的投入,改造关岛使之适应新军事战略调整的需要。2020 年前，美国计划在关岛投入至少 100 ~ 150 亿美元，使之成为美军在西太平洋地区最主要的兵力武器投射中心。第二是加大在关岛的兵力武器部署。目前，美军将从东北亚地区撤出的兵力武器绝大部分都部署到了关岛,这使关岛变得日益拥挤。自越南战争以来，关岛基本上起到了弹药库的作用。然而，关岛现在却发挥着一个兵力武器投射中心的作用。可见，关岛的作用正在发生改变。第三是不断在关岛地区举行军事演习，使之战力保持“兴奋”状态。从军演这个角度看，驻关岛的美军几乎参与近年来在西太平洋地区举行的每一次军演。从战术动作角度看，美国战略轰炸机从关岛起飞，可以在 12 小时内抵达亚太各国的领空，到朝鲜半岛只需 5 个小时，到台湾仅需要 3 小时；潜舰艇从关岛出发，到中国大陆沿海地区只需要 2 ~ 3 天时间。一旦美军对中国采取军事行动，驻关岛的美军将发挥极为重要的作用。这就是关岛未来在美军遏制中国过程中的重要之处。

三、菲律宾正得到美国先进武器的垂爱

近年来，菲律宾在东南亚地区日益活跃起来，并在美国的亚太军事格局构建过程中不断发挥着重要的作用。有人认为，菲律宾或成美国推行亚太战略时的一个枢纽性国家。

一是因为菲律宾占据亚太战略枢纽地理位置。美国亚太战略的核心是控制亚太地区的陆海相邻地带，而菲律宾正好处于这个陆海相邻地带的枢纽性位置。首先，菲律宾正好处于东西和南北两个战略方向的交汇点，这或使菲律宾成为美国亚太战略的一个枢纽性国家。从亚太地区南北方向看，

美国正将其对东北亚投入的军力向南调整，而美国在东南亚乃至大洋洲的军力正从南向北进行转移。这使美国在亚太地区从北向南调整和从南向北调整相交于菲律宾。从东西方向看，美国正大力解决中亚和中东地区的问题，并将其在该地区的军力向东调整；同时，美军在太平洋地区的军力正由东向西调整，向着西太平洋沿岸地区“压过来”。这种相向性调整也将相交于菲律宾。这表明，菲律宾是美国在亚太地区军力调整过程中的一个枢纽性国家。其次，菲律宾正好处于亚太地区战略运输线枢纽点的位置。从海洋通道看，菲律宾控制着亚太地区的重要海上运输线。这主要表现为：一方面，菲律宾控制着东北亚地区向印度洋之间的海上运输线通道；另一方面，菲律宾也控制着印度洋和太平洋之间的战略运输线的关键通道。这使菲律宾在美国的亚太战略中具有战略性的价值。美国对菲律宾不能不给予足够重视。再次，菲律宾正好位于有利于美国前出对热点做出反应的地理位置。目前，亚太地区的热点问题主要集中于东北亚和东南亚地区以及南亚地区。20世纪，美国计划将关岛打造成其在西太平洋地区的“战略岛”，使其发挥亚太战略的枢纽作用。进入21世纪后，随着美国战略重心东移幅度的加大，美国将其“战略岛”也逐渐向着有利于对热点做出快速反应的方向发展。

二是因为美菲两国都有意向相互利用。在美国积极构建新亚太格局的过程中，美国与菲律宾两国都有意向相互利用。

近年来，美国向菲律宾发出了“召唤”，具体表现为：美国大力发挥菲律宾在遏制中国中的作用；大力给予菲律宾军事援助，支持菲律宾提高军力；大力与菲律宾进行各种类型、各种规模的军事演习；给予菲律宾在东南亚国家中优先发展军事关系的地位等。同样，菲律宾也心知肚明响应美国的“召唤”，具体表现为：不断挑起与中国的军事矛盾；不断与美国在靠近中菲有争议的地区进行军事演习；在东南亚地区大力推动其他国家向中国施压等。

其实，菲律宾如此迎合美国的胃口，也有其潜在的目的：效仿英国与日本，傍住美国以提高本国的身价，争取有利的国际地位；引入美国军事因素进入菲律宾以刺激经济复苏；提高阿基诺的国内地位与声望，扭转阿基诺政治信誉不断下降的态势等。在美国的战略视角里，菲律宾也是东南亚国家中实力软弱的国家，其可成为东南亚国家中最死心塌地追随美国的国家。同时，因为美国与菲律宾具有其他国家不可企及的密切关系，菲律宾完全可以被美国改造成为亚太地区的一个新“马前卒”。从亚太地区的热点问题看，南海这一热点问题将对亚太地区安全形势发展走向具有重要的战略影响。菲律宾或将成为美国在南海问题上牵制中国的一枚重要棋子，对美国推行其亚太战略发挥重要的作用。

三是因为菲律宾将是美国全球称霸战略重心东移过程中最为活跃的棋子。为了推行其亚太地区新战略，美国要在亚太地区布局设子。对美国整个亚太战略布局发挥重要作用的核心棋子应该选择哪一个国家，对美国构建的亚太新格局具有至关重要的意义。

目前，美国在亚太地区选择这样的棋子是面临诸多困难的。在东北亚地区，韩国和日本都是美国的盟国。因韩日两国矛盾重重，美国对这两国中的哪一个国家表现出某种程度的“青睐”都将会引起不必要的麻烦与问题。这是美国不愿看到的。在东南亚地区，由于诸多国家对美国的新亚太战略抱着浓重的戒备心理，大多数国家都采取了一边走一边瞧的办法与美国打交道。美国树立起菲律宾这个样板，就可对东南亚国家发挥示范性作用，引导东南亚其他国家向美国靠拢。

在东南亚国家中，菲律宾是一个例外。冷战时期，菲律宾与美国建立了密切的军事关系。美军在菲律宾驻有大量军事人员，同时还在菲律宾的克拉克和苏比克设有东南亚地区两个最大的军事基地。菲律宾国内政局的稳定以及其经济的繁荣与美军的驻扎有很大关系。冷战后，随着美军大规模撤出菲律宾，菲律宾的政局进入动荡，经济危机频发。与东南亚其他国家相比，菲律宾的实力不断下降。这是菲律宾不愿看到的。

从美国角度看，选择菲律宾对美国亚太新战略发挥作用，就可以避免选择韩日两国可能出现的麻烦；从菲律宾角度看，如果傍住美国这一超级大国，既可提高自身在东南亚地区的地位，也可稳定与巩固其国内政局，促进经济发展。面对美国全球称霸战略重心的东移，在众多东南亚国家都在观望之际，菲律宾如此倒向美国，既是美国希望的，也是美国战略调整需要的；同时，这也是菲律宾发展的一种战略选择。所以，菲律宾成为美国推行其亚太新战略过程中一枚活跃的棋子，既是美国推行亚太新战略过程中布局设子的需要，也是菲律宾企盼扮演的一种角色。

菲律宾在美国推行亚太新战略过程中发挥活跃棋子的作用，或将是大势所趋。这枚棋子将在美国全球称霸战略重心东移中发挥枢纽性的作用，这是人们的共识。因此，美国对菲律宾采取了两个值得关注的举措:其一，美国大力加强与菲军事联盟关系。1951 年 8 月 30 日，美国与菲律宾签署了《美菲共同防御条约》，规定任何一方若有需要，另一方将会提供国防援助。美菲两国结成军事联盟，菲律宾频频参与美国在全球各地的军事行动，美国反过来也在军事上给予菲律宾大力支持，使得菲律宾成为美国在亚太地区推行霸权主义的“马前卒”。随着新亚太战略的推行，美国开始不断加强与菲律宾的联盟关系。尤其是，菲律宾与中国因黄岩岛问题出现矛盾后，美国加大了拉拢菲律宾的力度：美菲两国高层频频接触，磋商应对有关军事问题的对策；两国军队频频举行军事演习，不断加大密切两军关系的力度；两国磋商在菲建立新的军事基地问题，重启昔日美军在菲军事基地问题等。其二，美国不断翻新提供菲武器的办法。一般情况下，美国以军援的手法来向菲律宾提供武器装备。近年来，菲律宾为了得到更多的美国新式武器装备，采取了多种办法。如以提供领空和基地为条件换取美国的武器，要求美国增加对菲律宾的军援数额、花外汇购买美国新式武器装备等。

随着菲律宾军力的提升和菲美间军事关系的不断强化，菲律宾在干扰中国发展方面可能会有新的动作，在侵占中国岛屿和海洋权益方面可能会不断加大力度。对菲律宾对我国的威胁，应给予足够的关注。

第四节 美国在中国家门口构筑三条线

进入 21 世纪后，美国使用了多种手法来遏制亚太地区新兴国家的发展。其中，“新三线”这种手法最为值得关注。

一、“新三线“的出现

所谓“新三线”，是指美国在亚太地区构建的、主要针对亚太地区新兴国家特别是中国的三类“遏制线”,即“热点线”“动态线”和“威慑线”。这三类线从东北亚沿着亚太地区陆海交接地带一直延伸到中东地区。具体表现为：

第一道是“热点线”。美国在靠近亚太地区海陆相邻的地带不断制造热点问题形成的“热点线”。其目的就是制造动荡，破坏新兴国家的发展环境，尤其是中国追求的和平与稳定的安全环境。第二道是“动态线”。即在亚太地区海陆相邻的地带通过军事演习等形式而形成动态的军事存在，其目的是在人员不断频繁变化的表象下，使其存在于亚太地区的军事人员的规模基本稳定,以维持其足够对危机做出反应的军力。第三道是“威慑线”。即重点建设美国的关岛基地、澳大利亚的达尔文基地和位于印度洋北部的迪戈加西亚基地，其目的是使这三地作为“战略岛”而形成一个V 字形大视野上的战略威慑线，以维护其亚太防御体系的稳定，同时危机出现时可以对反应力量提供支持。

“新三线”布局中的各条线在美国对亚太地区的新兴国家遏制战略中发挥的作用是不同的：

“热点线”是指有美国背景而形成的一系列热点问题地区，如朝鲜半岛问题、台湾问题、南海问题、南亚问题和中亚问题等。这些问题有的是至少存在半个世纪以上的老问题，也有进入新世纪后出现的新问题。

随着全球战略的东移，美国还可能在我国周边制造新的热点问题。美国将尽可能地使这些热点问题都热起来，使中国周边处于动荡状态，并且达到消耗中国发展过程中的精力，迟滞中国发展的目的。

“动态线”是指美国通过在亚太地区海陆相邻的地带进行军事演习而事实上实现的军事存在。这种军事存在主要是针对亚太地区的新兴国家的。当然，这种军事存在对中国的威胁是最大的。

近年，尤其是进入 2012 年以来，美国在中国周边进行了大量的军事演习，这种军事演习还表现为连续不断地进行，这使得中国周边存在着大量的美国兵力和军事装备。冷战后，美国开始调整其在中国周边的驻军。如从朝鲜半岛撤军，从日本的冲绳撤军，从菲律宾和新加坡的军事基地撤军等，这使美国在中国周边地区的固定性驻军减少。由于美国在中国周边地区连续不断地进行军事演习，鼓动菲律宾、新加坡和越南等国出租其军事基地供美国随时使用，所以美国事实上并没有减少其在中国周边的军力存在，而是通过动态部署的形式维持其在中国周边的军力不减。这种动态军事存在具有很大的欺骗性，比固定性的驻军威胁更大。

“威慑线”是指美国通过重点加强在关岛、澳大利亚的达尔文港和印度洋北部迪戈加西亚基地的军事存在而从战略上对亚太地区形成的军事威慑。根据美国的海外基地建设规划，美国要将关岛建成其最大的海外军事基地。这一基地既可以向北对朝鲜形成战略威慑，也可向西对中国形成战略威慑，同时还可与驻达尔文港的美军共同应对南海地区的问题。达尔文港的美国驻军既可与关岛和迪岛的美军形成战略配合，又可对南海地区出现的危机迅速做出反应。迪岛的美军既可应对中东地区的危机、南亚地区的危机，也可与达尔文港以及关岛的美军相配合应对南海地区的危机。所以，驻关岛、达港和迪岛的美军形成了一个相对稳固的战略支点，瞰制亚太地区安全形势的发展变化。同时，驻这三地的美军远离热点地区，既可远观避免陷入不必要的地区事务中去，也可出面插手对美国利益攸关的问题，这使美国完全掌握了自身行动的主动权。这是美国在冷战后寻找不到明确的战略对手而为维护其霸权下的一着妙棋。

二、“新三线”的特点

“新三线”的效应不可轻视。从性质上看，美国在冷战时期搞的三条封锁线体现了当时的防御性。如今，美国在亚太地区搞的“新三线”布局表面上看是防御性的，实则具有强烈的进攻性，它们是为美国扩大演变其他国家范围而服务的。

从新旧三线两者的具体特点看,新旧三线之间具有如下区别:一是“新三线”具有很大的弹性，可退可守，而“旧三线”僵化而被动。美国在“新三线”中隐蔽在“热点线”的后面，不易被人们识破。二是“新三线”主要是实施遏制，而“旧三线”目的在于封锁。“旧三线”在于封死对手，当然对手扩大势力范围也是不易的。“新三线”重在迟滞某些国家的发展。三是“新三线”中的美军兵力重心后移，而“旧三线”的兵力重心靠前。美国在“热点线”使用的不是军力，而是鼓动“问题”热起来为美国利益服务。四是“旧三线”重在使用军事手段，而“新三线”重在使用综合性手段，制造动荡是其中心。五是“旧三线”是美国全球争霸中的辅助线，而“新三线”是美国维护全球霸权的主力线。这主要是因为亚太地区已是美国全球称霸的战略重心，冷战时欧洲是美国全球称霸的战略重心。所以,“新三线”较“旧三线”具有更大的综合性、欺骗性,遏制的范围更大,针对中国的目的性更强。

目前看，美国在亚太地区采取的这个重在遏制中国的“新三线”在未来相当长一个时期内是不会改变的。仅就“新三线”而言，其具有的特点更值得关注。这主要是因为“新三线”的野心更大。

一是综合使用手段。“旧三线”主要是实施军事遏制，重在军事。如美国在中国的家门口由近及远地布设了三道封锁岛链线，主要目的在于进行军事封锁。第一岛链线是指由韩国、台湾岛、菲律宾形成的岛链封锁线；

第二岛链线是指由日本的小笠原群岛、硫磺群岛和美国的马里亚纳群岛组成的岛链封锁线；第三岛链线是指以夏威夷为中心，北起阿留申群岛，南到大洋洲的一些群岛构成的岛链封锁线。因为美国在这些岛链上设置了数量众多的军事基地，部署了大量兵力，所以它们成为美国封锁中国的依托。“新三线”已经将军事封锁降为次要地位，而重在运用综合压力对中国全面施压。如美国不仅在加大对盟国的控制力度，还对非盟国，甚至原来的对手越南等国家进行全面拉拢与控制，以达到尽可能孤立中国的战略目的。

二是全面展开而不是在线上做文章。“旧三线”主要是通过军事封锁来实现其战略目的。“新三线”看起来是三条线，实际上是以三条线为骨干，在政治、经济和外交等各个领域从亚太和印度洋地区全面展开。美国通过参加政治、经济和安全等各个领域里的组织活动，争取掌握主导权，控制住其在亚太地区的霸权。如美国加入东盟峰会后，人们可以发现，美国在凭借实力不断扩大其在东盟地区各个组织中的影响，以期引导东盟的活动向着有利于美国利益的方向发展。

三是“新三线”并不是以固定的三条线的形式来表现的。因为“新三线”发挥的作用是迟滞而不是封锁，同时因“新三线”性质与“旧三线”性质不同，“新三线”在某些地区可能是重合的，但呈现的形式可能不一样。如朝鲜半岛地区，美国可能搞热朝鲜的核问题，同时美国可能一方面从韩国撤军，另一方面通过不断的军事演习这种动态军事存在的形式来维护其在韩国的兵力规模。

四是可以将亚太地区的某些国家拉入其中为美国的利益服务。日本和菲律宾是两个最活跃的国家。最近，日本与美国已经达成协议，日本将在美国的马里亚纳群岛中塞班岛附近的一个小岛上建立驻留军事基地。这使日本能够在该岛以动态军事存在的形式造成海外驻军的事实。其实，美国是想通过该手段迫使日本接受美国以动态军事存在形式维护其在日本列岛的兵力规模。同样，菲律宾与美国和日本也已达成意向，要在菲律宾的巴拉望岛建立训练性军事基地。这使美军可以用所谓联合军事训练的形式伪装其在南海地区动态军事存在的连续性。正如美国太平洋战区高官所言，美军要在菲律宾形成一种动态的军事存在。这一语道出了美国在巴拉望岛建立军事基地的目的所在。

五是具有长期推行的可能。随着冷战的结束，“旧三线”以其浓重的军事色彩正在退出人们的视野，“热点线”正在进入人们的眼帘。美国的超级大国地位是不会在短时间内改变的，“新三线”满足了美国维护其霸主地位的需要，这一招儿将会在一个相当长的时期内继续存在。

从美国对正在构建的“新三线”中各个线的重视程度看，“热点线”正受到美国的热捧。这主要是因为“热点线”可以达到美国对中国的政策，即接触与遏制并举的战略目的。

通过在中国周边制造热点问题，美国一方面可以利用这些热点与中国接触，另一方面也可以通过这些热点问题延缓与迟滞中国的发展。同时，美国在这些热点问题中还“积极”地发挥作用，完善其在中国周边地区霸权格局的构建。

对中国而言，在维护稳定的周边安全环境过程中，如何应对我国周边的各种热点问题是考验我们国防新思维的重点所在。面对美国对中国构建的这种复杂的、环环相扣的“枷锁”，中国应在保持政权稳固、主权完整两个基本原则的前提下，加大对外开放力度，加快与国际社会的融合，充分发挥中华民族的聪明才智，争取在国际发展大潮的竞争中赢得主动。

第五节　美国对我国侦察力度加大，对我威胁上升

二战后，美国与中国仍然保持着二战时期那种友好关系。新中国成立后，尤其是朝鲜战争爆发后，美国将中国归入东方阵营，对中国采取了孤立和遏制政策。中美两国也就成了敌对国家,两国关系长期处于对峙状态。随着中国与苏联在边界地区因领土问题而出现小规模军事冲突，中美两国开始试探性接近，中美两国关系开始松动。1971 年 7 月，美国总统尼克

松的特使、美国总统国家安全事务助理基辛格秘密访华。接着 1972 年 2 月，美国总统尼克松访华。中美两国关系开始改善，两国终于于 1979 年 1 月建立了外交关系。随着 1979 年中国与越南因边界领土问题而爆发战争，中美两国关系更加紧密，中美两国签订了多项军购合同，开始向中国出售武器。1989 年“六四风波”后，美国开始对中国采取武器禁运政策，中美军事关系开始紧张。随着苏联解体，美国一步一步地将中国认定为其最大的潜在威胁。为此，美国加大对中国的侦察，美国对中国的威胁上升。

一、不断压迫中国“军事透明”，以弱化中国的战略威慑

世界上任何一个国家都会用多种手段来维护本国的国家安全，军事手段是任何国家都须臾离不开的维护国家安全的手段。在诸多维护国家安全的手段中，军事手段总是被作为维护国家安全的最后一招。为了确保军事手段在维护国家安全过程中的可靠性，任何一个国家都不可能将自己的军事底牌和盘托出，全部曝光于天下。即便是世界上唯一的超级大国美国也不是将本国的军事秘密全部公开和透明出来。美国号称是世界上军事最透明的国家。美国透明出来的军事秘密足以对其他国家造成巨大的军事威慑了，何况其还有许许多多没有透明出来的军事秘密。目前，美国总是以自己所谓的军事透明来蛊惑其他国对中国的军事透明施压。其实，美国是世界上最大的军事不透明的国家。如参观美国武器装备时，必须按照规定的路线参观；每每有军事行动前总是邀请众多媒体参观，参观的内容也是那些无关痛痒的东西。那些真正让你“感兴趣”的东西你是不可能知道的。然而，美国要求中国军事透明时，会永无休止地让你透明下去。实际上，任何一个军事上处于弱势的国家是不可能向在军事占相对优势的国家透明军事的。任何一个国家都是根据军事安全的需要来进行有限度、有选择的透明。有人认为，如果中国军事按照美国的要求来进行透明的话，美国就会对中国有更多的军事上的信任，就不会在亚太地区采取军事行动，这是

一种幻想，也是一种与古代宋襄公别无二致的愚蠢行为。如果那样的话，中国国家安全将无从谈起，只能任人摆布了。中国绝不能按照美国的要求进行军事透明，否则国家安全就会走向危险的境地。实际上，美国所谓的军事透明就是一种战略侦察,是一种让你看起来貌似非常合理的战略侦察。纵观世界各国对外发布的军事文件，任何一个国家向外界发布这些文件时都是从无碍国家安全角度来公布有关军事信息的。美国也不例外。只是因为美国处于超级大国地位，其对外发布的军事信息比其他国家更详细一些而已。但是，这种“详细”也是必须无碍国家安全的。在军事上不如美国的任何一个国家，即便是当年与美国军力相差无几的苏联，都不可能按照美国的透明程度来向外界透明本国的军事信息。美国要求其他国家按照其思路来透明军事信息，实际上就是在战略上侦察其他国家的军事信息。

当今，俄罗斯是与美国在军事上可有一搏的国家。从俄罗斯对外发布的军事信息内容看，俄罗斯也是严格按照相关法律规定来向外界透明其相关军事信息的。任何一个国家不可能按照其他国家的想法来向其他国家透明军事信息，而是从本国的安全需要出发适时、适当地发布军事信息。美国无休止地让中国按其想法进行军事透明，就是对中国进行战略侦察。实际上，美国的这种做法是在不断削弱中国的国家安全。

二、中国周边不断显现美国的侦察力量

任何有良知的中国人永远都不会忘记：2001 年 4 月 1 日，美国对中国实施侦察的 EP-3 侦察机与中国的军机相撞，造成我军机毁人亡的惨剧。这一事件暴露了美国对中国实施侦察的冰山一角。实际上，美国对中国用侦察卫星实施战略侦察早在 20 世纪 60 年代就开始了。冷战时期，美国对中国进行战略侦察最为典型的手段是使用 U-2 飞机。该型机主要用于高精度航空照相侦察。1959 年 10 月 7 日，我军防空部队使用苏联的萨母 -2 型导弹将一架由台湾飞行员驾驶的美制 RB-57D 高空侦察机击落，创造了

用地空导弹击落敌机的战例。1962 年 9 月 9 日，我军使用地空导弹首次击落一架 U–2 侦察机。这使美国对中国实施战略侦察的真相大白于天下。冷战时期，美国对中国的战略侦察更是一刻也没有停止。

冷战后，美国加大了对中国的战略侦察。其采取的手法：

一是使用多种手段直接对中国进行战略侦察。其中的两个特点就是：1. 民用、军方同时进行；2. 从海上、空中和太空三管齐下对中国进行战略侦察。近年来，美国以所谓科学考察的名义不断派出科学考察船靠近中国海域进行“科学考察”。这种科学考察船具有科学考察的任务，但同时也具有搜集中国近海海域情报的功能。它可以在进行科学考察的同时，对中国近海海域的海底情况进行情报搜集工作，以备战时之需。美军通过各种手段搜集中国的相关情报是众所周知的，如使用电子侦察机、潜艇和预警机等多种军用装备进行情报搜集。2009 年 3 月，美国海军监测船“无暇号”在中国专属经济区进行非法测量活动。该事件发生后不久，美国另一艘考察船又来到中国附近海域进行所谓的“科学考察”。现在，这种频频侵犯中国权益的行为正在不时发生。

二是增加在中国周边地区部署进行战略侦察的兵力兵器。美军在中国周边部署的侦察力量分为两种：一种是长期驻扎的侦察力量，如在日本和韩国驻扎的电子侦察部队；另一种是动态性部署的侦察力量，如通过举行联合军事演习等形式将其侦察力量部署到中国周边国家，对中国进行侦察。

三是与中国周边的某些国家联合对中国实施战略侦察。在中国沿海地区，美国使用飞机、水面舰艇、水下潜艇和雷达等各种侦察手段进行战略侦察。同时，美国还以所谓的科学考察、科学调查的名义派出飞机、无人机和船只等对中国进行战略侦察。目前，美国与其位于中国周边的盟国建立了联合搜集中国情报的系统，还在下大力气与准盟国建立收集中国情报的系统。美国通过阿富汗战争将其大量的侦察力量部署到阿富汗，在保障其在阿富汗打击恐怖分子的情报需求外，还“借机”搜集有关中国的情报。这是一个不争的事实。

第二章　日本军事及其对我威胁

日本是东北亚乃至整个东亚地区军事实力不可小视的国家。日本与中国在钓鱼岛问题上的矛盾不断升级，日本声称要使用自卫队来解决钓鱼岛问题，其对中国的军事威胁应该引起我们的重视。

近期以来,美日举行了针对性强的联合“夺岛”演习。同时，日本也在东富士演习场举行了大规模富士综合火力演习，演练了以岛屿防御为中心的科目，展示其“政府决心”。为了配合军事演习这种展示实力的硬行动，日本政府还使用了烧毁光盘、进口管制等软手法。日本的这种做法在很大程度上折射出其强烈的焦躁和对美国失望的情绪与心态。

未来一个时期内，日本的这种焦躁与失望将会更加强烈，并极可能转化为东亚地区的动荡之源，同时也将会转化为日本提高军力的一种动力。日本军事在未来可能发挥的作用值得我们研究。

第一节　独特的军事文化使日本成为“问题国家”

从二战结束以来，战争问题已经成为中日关系发展的绊脚石：日本国内不时出现否认战争的言论；有的政客还时不时地推波助澜，通过参拜靖国神社等手法来推动日本国内右翼思潮的泛起。这些都阻碍着中日关系的顺利发展，影响着东北亚地区安全形势的稳定。至今，日本方面对其本身的这些问题仍然没有一个正确的认识，继续伤害着中国人民及东亚地区各国人民的感情。这些问题的存在根源于日本特殊的军事安全文化。

一、危机与扩张并存的安全观念

日本是位于亚洲大陆东北部、太平洋西北部的一个群岛国家，陆地面积仅为 37.7 万平方公里。这种呈现为群岛状态而又面积狭小的生存空间使日本大和民族在社会发展的过程中逐渐形成了一种具有危机与扩张特点的安全理念。

由于日本列岛周边有海峡及海洋与大陆和其他大国相隔，日本古代历史上几乎没有受到外敌的入侵。虽然中国古代王朝对其进行过几次不成功的军事行动，但这种行动并没有对其产生威胁。近代以来，西方殖民主义者开始侵入东亚地区，日本也未能幸免。这使日本在近代以来的安全理念归结起来表现出这样几个方面：

日本无力与海洋殖民大国相抗衡而采取了“脱亚入欧”之策。从古代至近代，日本从来也没有成为东亚地区的强国。为了从大陆上获得一些利益，日本某些武士、浪人等采取了一些偷鸡摸狗的手段，但并没有对大陆国家造成多大的威胁。随着西方殖民主义者的东进，日本也不断遭受这些殖民主义者的侵略。由于实力所限，日本无力与这些殖民主义者抗衡，只好不断接受殖民国家提出的让日本难以忍受的殖民条件。后来，日本历史上的明治政府开始进行资产阶级改革，日本国力不断提高，同时也同西方资产阶级殖民国家找到了共同点，那就是对外殖民。日本作为亚洲第一个走上资本主义道路的国家，采取了“脱亚入欧”的国策，开始重点在东亚地区与其他殖民主义国家争夺势力范围。日本与西方列强在东亚地区展开了既有合作又有斗争的博弈。

日本向大陆深处发展力不从心，而只在沿海边缘地区建立殖民势力范围。日本这个后起的资本主义国家在对外殖民的过程中，与其他殖民国家相比具有其特殊点，即其殖民地都在东亚和西太平洋地区，而不是在全球各地都有殖民地。由于日本在开始对外殖民时东亚地区已经有了其他殖民列强建立的殖民地，日本便打出建立“大东亚共荣圈”这一旗号，从其他殖民者手中夺取地盘。对于这些被殖民的国家来讲，它们由一个西方殖民国家的殖民地变成日本的殖民地。对日本而言，日本只能在大陆的沿海及太平洋岛屿国家这样一个范围内建立殖民地。这表明日本这个后起的资本主义殖民国家与其他殖民大国无力在全球范围内争夺势力范围，同时也表明日本将其殖民重点放在了东亚和太平洋岛屿国家。在这个范围内，日本采取了排他性政策，这也是日本与其他殖民列强发生冲突同时又有某些合作的根本原因。

日本不遗余力地寻找各种机会与列强争夺，尽可能扩大殖民范围，抢占更多的生存空间。在向外殖民过程中，日本首先选择朝鲜半岛作为对外殖民扩张的第一步。然后，日本开始占领中国东北，并不断沿着中国的沿海地区南下，直至东南亚地区。这是日本从明治维新后为扩大生存空间而制定的国策。与此同时，东亚地区业已存在诸多西方列强的殖民地，日本在不断扩大殖民地范围的同时还要与西方列强争夺这些已经成为殖民地的地区。一战后，日本提出了人人皆知的“二十一条”，其目的是从西方列强手中不费一枪一弹地扩大殖民地范围。二战时，日本空袭珍珠港，开始将美国在东亚的势力向外赶，以进一步扩大其在东亚地区的势力范围，建立其独占东亚的所谓“大东亚共荣圈”。

日本在东亚地区不断动武的思想根源在于其时时存在的危机感，其摆脱危机的办法就是在大陆和太平洋岛屿地区建立殖民地，并且不断排挤其他列强在东亚的势力范围。所以，危机性与排他性的扩张成为日本军事安全文化中的一个重要特点。

二、军国主义思想的传承

二战后的1946年11月，日本政府颁布了《日本国宪法》，将国名由“大日本帝国”改为“日本国”。从此，日本国内的军事势力对日本政治生活的影响大为下降。日本的军事力量也改为“自卫队”。实际上，自明治维新始至二战，军人在日本的政治生活中发挥着重要的作用，甚至起着主导性的作用。

明治政府成立后，走上了效仿西方发达资本主义国家的路子。其中的一个重要表现就是以国营军工企业为主导来大力发展资本主义，提高国家的实力。1873年，日本政府颁布了《征兵令》，开始建立近代常备军队。这支常备军不称国防军而是称为“皇军”，意在为日本天皇服务。为了达到真正效忠天皇的目的，日本又在体制与机制上采取了“配套”措施。1889年2月，日本颁布了近代史上第一部宪法，名为《大日本帝国宪法》。该部宪法规定，天皇“总揽统治权”，“天皇神圣不可侵犯”。这使天皇成为日本政治生活中一个具有广泛特权的人物。之后，日本于1893年成立了海军军令部。1898年，日本又成立了军队教育总监部。加上1878年成立的参谋总部，与元帅府和军事参议院一起，形成了日本独特的军部体系。天皇凌驾于国会、内阁和法院之上，直接统率军队；军部这个独立的军事体系，享有特权，可以直接影响天皇。此后，在不断的侵略战争中，军部的势力得到加强的同时还不断膨胀。从侵略中国台湾开始，日本军队不断对外动武。在这一期间，日本军队出身的首相不胜枚举。至1942年左右，日本在东亚地区控制的范围达到了极点，这也是日本军部在日本的政治生活中发挥影响力最大的时期。尤其是1940年10月21日，法西斯统治的组织机构“大政翼赞会”成立，标志着日本国防国家体制，即法西斯体制最终形成。日本军人主导政治达到了极点。至日本投降，日本军人在日本的政治生活中一直占据着主导地位。这种军人统治与政治的结合，形成了日本独特的军国主义思想。这种思想的主要特征就是穷兵黩武，以战争为手段对外侵略扩张，压迫和奴役其他国家的人民，对内则以军事警察的暴力来镇压人民维护统治。二战后，日本的740万军队被遣散。在美国将军麦克阿瑟主导下，日本制定了新的宪法，即《日本国宪法》。该部1946年颁布的新宪法取消了天皇的特权。宪法规定，“永远放弃以国家主权发动的战争、武力威胁或使用武力作为解决国际争端的手段”，“不保持陆海空军及其他战争力量，不承认国家的交战权”。日本从此不再拥有军队，天皇也没有了统率军队的权力。但是，随着美苏之争的表面化，东西方开始进入对立状态。新中国的建立，美国独霸中国，并通过控制中国达到其称霸亚洲的美梦被打破。在这种情况下，美国对日本的政策悄悄在发生着变化，美国开始使日本走上了重新武装的道路。1950年1月，麦克阿瑟发表《告日本国民书》，声称“《日本国宪法》并不意味着自卫权的放弃”，公开暗示将允许日本重新武装。从此，日本政府开始以各种形式组建武装力量。随着朝鲜战争的爆发，美国清算日本军国主义思想的工作停止，军国主义代表人物得以生存下来，其中的一些人还在美国的支持下在日本的政治生活中发挥出重要的作用。朝鲜战争停战后，在东北亚地区乃至东亚地区，冷战日益激烈，日本的军国主义思潮在美国的庇护下又开始滋生与生长开来。加上，日本进入美国的阵营，日本政府也不再清算国内的军国主义思想及其代表人物。这就是日本国内的军国主义至今还仍然具有很大势力和影响的重要原因。

三、变异的武德伦理

人们从涉及近代日本战争的电视或电影中经常看到日本“皇军”在战

败时总是走上自杀之路，其目的是表示对天皇的效忠。实际上，日本“皇军”的这种武德是日本武士道精神的传承，也是变异的武德伦理的表现。

这种武德伦理比军国主义思想出现的时间要早得多。所谓武士道，说白了就是武士精神，既是日本历史上武士的人生观和世界观，也包括武士对主子应尽的义务和责任。武士该词在日本的本义是指侍者、贴身随从。日本的武士产生于公元8~9世纪。日本列岛上的一些地方领主建立的保卫自己的私人武装，这些人员称为武士。这种武装逐渐成为一种制度化的专业军事组织，其基础是宗族和主从关系，武士的突出特点就是忠诚和勇猛。直到明治维新，武士在日本社会体系中一直占据着统治地位。明治维新后，日本政府建立了常备军，这些常备军成了天皇的武装，为天皇服务。武士是为主子服务的，日本的常备军是为天皇服务的。武士精神也就自然而然地被日本军人继承了下来。武士道便成为日本天皇军队的主要武德伦理。日本战败后，由于“皇军”这种旧军人没有被彻底清除以及一些主张军国主义的旧政客重新回到日本政坛，武士道在日本军事思想中仍占有一席之地。这种伦理道德与日本自卫队结合起来，便形成了一种变异的日本武德伦理。这种变异的武德伦理在当今表现为这样几个方面：

一是对过去战死的人员，不分因正义还是非正义战争而死，而统统加以纪念与祭拜。人们都知道，位于日本东京的靖国神社里面供奉着自明治维新以来为日本推行军国主义侵略政策而战死的军人及军属，其中绝大多数是在中日战争及太平洋战争中阵亡的日军官兵及其在殖民地地区募集的士兵。由于靖国神社里还祭祀着二战后被判定的14名甲级战犯，该神社被东亚各国视为日本军国主义的象征。就是这样的一个神社，日本的政客不时去祭拜。这表明日本国内的以武士道为其精神支柱的军国主义者仍然在日本大行其道。这种右翼势力，包括日本遗族会在内的诸多势力，不时推动日本政治走向。这导致东亚地区不时出现抗议浪潮。

二是不正确认识战争侵略罪行。至今，日本国内许多政客，包括日本政府中的许多人士，都时不时地表达对战争不正确认识的言论。如日本对外发动的战争不是侵略性战争、日本在中国东北没有使用生化武器等。日本的这些言论与做法不仅遭到日本国内那些有正义感人士的反对，也遭到东亚地区遭受日本侵略与蹂躏国家的强烈抗议。日本这种右翼言论对东亚地区安全与稳定是一个潜在的威胁。

三是否认“南京大屠杀”的存在、认为“慰安妇”是子虚乌有的事情等等。不管是政府与政府还是两国的民众对民众，中日之间关于南京大屠杀和慰安妇等问题的争议已有多年。本来事实存在的事情，日本方面不时有人出来加以否认。这种变态的心理既是日本传统武士道精神的一种反映，也是日本国内军国主义思潮泛滥的一种表现。如果日本政府以及持有右翼思想的民众不能对过去战争有一个正确的认识，日本政府以及日本民众就不能顺利健康地与东亚地区的邻国发展友好关系。这同样对东亚地区的和平与稳定是十分不利的。

日本的军事文化造成了当今许多“日本问题”的存在。维护东亚地区的和平与稳定需要日本方面正确地认识这些“日本问题”,并解决这些“日本问题”。根源于日本军事文化而产生的这些“日本问题”的解决，需要日本政府与民众对其军事文化有一个清醒的认识，并对邻国的军事文化也有一个清醒的认识。通过日本与邻国间军事文化的对比，人们期待日本方面改正过去的错误，正确认识战争给东亚各国带来的灾难，争取得到东亚人们的谅解。

第二节　新军国主义抬头成为亚太地区动荡的重要因素

在“购岛”行径遭到中国政府和中国人民强烈反对的情况下，日本政府仍置若罔闻，继续坚持其顽固立场，执意推行“钓鱼岛国有化”，并虎视眈眈地准备用武力与中国一搏。日本这种不惜搅起东亚地区安全动荡的做法让亚太乃至世界上许多爱好和平的国家和人民百思不得其解。人们在问，是什么力量在推动日本破坏亚太地区的安全与稳定呢？其实，在诸多动因中，日本国内新军国主义的兴起是其背后的主要动因，“购岛”行径只是这种势力进行的一系列活动的一种外在表现而已。

一、复兴的渴求促军国主义泛滥

所谓军国主义是崇尚武力，推行军事扩张，将穷兵黩武和侵略扩张作为立国之本，把国家安全置于军事的控制之下，使政治、经济、文化和教育等国家生活的各个方面均服务于扩军备战和对外战争的思想和政治制度。军国主义在日本国家振兴过程中曾发挥过重要的作用。日本的军国主义在亚太地区具有其独特性。目前，日本的军国主义大有抬头之势，其带来的危险需要爱好和平的人们给予高度警惕。从发展历史看，军国主义使日本走上了强国之路，实现了强国的目标。这主要表现为以下几个方面：

首先，日本自古代就有使用武力获利的传统。日本是一个位于亚洲大陆东北部、太平洋西北部的群岛国家，陆地面积仅为 37.7 万平方公里。由于日本列岛周边有海峡及海洋与大陆和其他大国相隔，从古代至近代，日本几乎没有受到外敌的入侵，但也从来没有成为东亚地区的强国。作为一个岛国，为了从大陆上获得利益，日本古代时就有某些武士、浪人等武装分子对大陆做些偷鸡摸狗的事情来获利的勾当。这就是日本偏爱使用武力的根源。武士道也便成为日本军国主义的思想渊源。这是导致日本近代以来在安全理念上逐渐产生军国主义立国思想的主要土壤。军国主义逐渐成了日本的立国之基。

其次，日本在近代使用武力取得了强国的地位，尝到了军国主义的甜头儿。近代以来，西方殖民主义者开始侵入东亚地区，日本也未能幸免。随着西方殖民主义者的东进，日本也不断遭受这些殖民主义者的侵略。由于实力所限，日本无力与这些殖民主义者抗衡，只好不断接受殖民国家提出的让其难以忍受的殖民条件。明治维新后，日本走上了资本主义发展之路，对外推行殖民扩张和侵略政策，开始与其他资本主义列强争夺势力范围。

与此同时，日本军国主义不断发展。日本组建近代常备军。这支军队却不称为国防军而称为“皇军”，强调效忠天皇。明治维新后短短几年内，日本的军队规模不断扩大。至 1873 年，日本作战部队就可动员 40 万人。日本有了军事实力后开始对外侵略扩张。1874 年，日本武力侵犯台湾。1879 年，日本吞并了琉球。1894~1895 年，日本又发动甲午战争，割取了台湾、澎湖列岛等岛屿，并勒索了巨额赔款。日俄战争后，日本从沙俄手中接管了中国东北南部地区的一切政治经济权益，并割取了库页岛南部。1910 年日本对朝鲜发动殖民战争后，吞并了朝鲜。从此，日本建立了包括中国台湾、朝鲜在内的庞大的殖民帝国，成为事实上的亚洲最强大的军事帝国主义国家。一战前，日本的军事预算已经占政府预算的 30% ~ 45%。日本军国主义势力不断膨胀。此后，日本不断使用军事手段在海外攫取利益。二战期间，日本在亚洲和太平洋地区建立起最大的殖民帝国，初步形成了“大东亚共荣圈”，殖民范围达到了顶峰。军国主义给日本带来的这种“荣耀”是日本永远不会忘记的。至今，日本东京靖国神社供奉的就是自明治维新以来为日本军国主义战死的人员及其家属。实际上，这种神社就是对军国主义的一种怀念和寄托。

再次，日本军国主义在二战后没有被彻底清除，仍然不断滋生。军国主义给亚太地区的人民带来了深重的灾难。同时，日本在亚洲太平洋地区的侵略行动也严重侵犯了美国的利益，尤其是珍珠港事件，更是让美国蒙受了最大的民族耻辱。二战后，美国控制了日本，由其主导制定了“和平宪法”以约束日本，并大刀阔斧地展开清除日本国内军国主义势力和军国主义思潮的行动。美军占领日本初期，首先迅速铲除了日本军国主义的武装力量，撤销了各级军事机构，废除了《兵役法》《国防保安法》以及《国家总动员法》等有关军事法令，并禁止军工科技研究和军需生产，设置远东国际法庭来审判战犯，取缔一切支持日本军国主义的政党和社团组织。由于朝鲜战争的爆发，因出于争霸需要，美国中止了在日本国内清除军国主义思潮和打击军国主义势力的活动，转而扶植日本支持美国在朝鲜半岛的战争行动。美国在日本采取的一系列战时举措在很大程度上起到了扶植日本军国主义死灰复燃之效。

最后,日本政府被军国主义势力“绑架”,正在滑向重振军国主义的边缘。朝鲜战争停战后，美国将日本拉上了支持其争霸的战车，日本国内的军国主义势力和军国主义思潮得以继续生存、发展和壮大。近年来，由于受到经济危机、海啸和福岛核泄漏等困扰，日本国内一部分人感到生存和发展处于一定程度的危机之中。这使日本国内的军国主义有了市场，军国主义思潮加速泛滥，军国主义势力开始抬头，不断发展，影响越来越大，成为一股不可忽视的政治势力。为了在各派政治势力的博弈中取得优势地位，某些政治势力采取了向军国主义势力低头的做法，这进一步刺激了日本国内军国主义势力的发展，使其形成一股越来越强的政治势力。这就是以石原慎太郎为代表的右翼势力的不断兴风作浪。石原慎太郎是一个右翼保守政客，其主张表现为不否认日本在军国主义时代所犯下的各种罪行。在钓鱼岛问题上，石原慎太郎主张日本东京政府从私人手中购买该岛，从而引发日本政府的“购岛”闹剧。接着，日本国内军国主义声音不断加大。日本前防卫大臣石破茂喊出了把自卫队改名，升格为国防军。正是在这种军国主义势力的推动下，日本首相野田佳彦发表了针对这件事应该做好“完全准备”的工作指示。同时，针对钓鱼岛问题，野田还表示，如果有外国船只非法进入日本领海，必要时可考虑使用自卫队。不难看出，为了摆脱困境，日本政府一方面被军国主义“绑架”，一方面又顺水推舟，使日本国内的军国主义势力不断膨胀。

从目前形势看,日本力图通过军事手段摆脱发展困境,维护其国际地位。在亚太地区国家中，日本是最为失落的国家。如何重振日本的地位，是日本面临的一种艰难选择。军国主义便成为日本求助的一根救命稻草。

首先,日本在美国亚太战略中的“权重”正在下降,企图通过军事上的“活跃”来引起美国的重视。随着全球称霸战略重心的东移，美国开始将亚太地区作为其全球军事重点。这一重点表示为：一是美国将近 2/3 的海外战略性武器部署到亚太地区；二是亚太军事部署重心从东北亚向东南亚方向移动；三是关岛战略部署向西前伸等。美国这种战略部署的调整，使得日本在其亚太战略中的地位开始下降。这是日本不愿意看到的。因此，日本近年来在军事上不断活跃，大力显示其军事的价值，企图在美国的亚太战略中寻求一个重要的位置。

其次，日本经济正处于滑坡，通过军事企业拉动经济发展。日本军事上活跃的另一个企图是通过加大军事需求，推动日本经济的发展。日本绝大多数高技术企业都担负着军工生产的任务。由于军需产品需求有限，日本这些企业的生产能力不能发挥出来，极大地影响了企业的发展。因受经济危机的影响，日本高技术企业也十分不景气。为了摆脱发展困境，日本通过加大军事需求来刺激高技术企业的发展，这成为拉动经济的一剂药方。日本国内军国主义的发展与其经济的萎靡不无关系。

最后，“岛争”引起危机是发展军事、复兴企业的最佳借口。日本与周边的三个邻国都存在“岛争”问题。因为与韩国和俄罗斯的岛争上不占据优势，日本便选择了钓鱼岛问题作为突破口来引发危机，使自卫队的实力加速发展。随着钓鱼岛形势的日益严峻，日本大力提高自卫队实力已渐成其国家上上下下的共识。这使复兴日本企业有了一个合理而堂皇的借口。

从未来发展看，日本力图从军事上做出突破，实现“正常国家”的夙愿，真正成为一个强国。二战后，日本在军事发展上受到了约束。首先，日本是一个不正常的军事国家。《日本国宪法》，俗称“和平宪法”是自 1947 年 5 月 3 日起实施的宪法。自此后，该部宪法便成为日本所有立法的依据。该法第九条规定，日本放弃战争权，永远放弃以国权发动的战争、武力威胁或武力行使作为解决国际争端的手段；为达此目的，不保持陆海空军及其他战争力量，不承认国家的交战权。这使日本在军事上“不正常”，导致日本也就成为一个“不正常”的国家。为了争取成为联合国安全理事会的常任理事国，日本大力开展转变为“正常国家”的努力，军事上做出突破是其重点努力方向。在这方面，日本主要做了以下几个动作：

一是参与海外军事活动，扩大自卫队的国际影响，使其与正常国家军队发挥同样的作用。1991 年 4 月，日本向海湾派遣了 6 艘扫雷舰艇，迈出了二战后向海外派兵的第一步。此后，日本不断向海外派出自卫队。

二是让自卫队采取军事行动，推动自卫队活动范围扩大。1999 年 3 月 24 日，日本首次采取海上军事行动，拘捕了两艘朝鲜“特工船”。同年 5 月，日本正式通过《周边事态法》等“新指针”相关法，目的是为了在日本没有受到侵略的情况下主动参与和协助美国进行战争。这使日本成为一个要进行战争的国家。

三是通过一系列法律保障自卫队走出国门，出兵海外参与军事行动。2003 年上半年，日本相继通过了《应对武力攻击事态法案》《自卫队法修正案》和《安全保障会议设置法修改案》等“有事法制”相关三法，完善了向海外出兵的相关法律，为自卫队出兵海外铺平了道路。2003 年 12 月 26 日，日本空中自卫队先遣队从成田机场乘飞机开赴伊拉克，正式“名正言顺”地实现了对外派兵的夙愿。与此同时，日本在国内也采取了多种措施提升自卫队的地位。2006 年 11 月 30 日，日本《防卫厅设置法》修正案和《自卫队法》获众议院通过，12 月 15 日又获得参议院通过。日本防卫厅升格为防卫省。这使防卫领域的相关文件不再经过首相批准即可直接提交内阁会议审议，日本的防卫首脑机关地位上升，获得了与其他国家的防务部门在国家行政领域中的相同地位。这使日本向“正常国家”发展的目标又迈进了重要的一步。这次日本导演的“购岛”闹剧的背后动因，其实是想通过这一事件使自卫队实力再次提升，同时使自卫队在“主权模糊”的钓鱼岛地区发挥出作用，使自卫队的活动得到国际认可，从而再次向“正常国家”迈出一大步。

二、美国称霸需求推动日本军国主义抬头

日本军国主义之所以抬头与美国以其本国国家利益为中心大搞霸权主

义有着很大关系。可以说，美国的称霸需要是日本军国主义抬头的外部推动力。

首先，美国大搞霸权主义使日本军国主义得以发展。日本投降后，美军于 1945 年 8 月 28 日占领日本，日本军队迅速被全部解散。1947 年后，美国与苏联开始冷战，采取包围遏制社会主义国家的政策。美国对日本的政策开始变化，逐渐停止了对日本军国主义残渣余孽的清除工作。1950 年 6 月朝鲜战争爆发后，美国大幅转变对日本的态度，开始积极武装日本。战争期间，盟国驻日最高司令官麦克阿瑟指示日本当时的吉田茂内阁组成一支 7.5 万人的警察预备队。这支警察预备队具有准军队性质。它的成立为日本军队重建奠定了基础。这是美国出于称霸需要武装日本的开始。美国在朝鲜战争中的失败，使其加速了重建日本军队的步伐。1952 年 4 月，日本成立了海上警备队；10 月，日本将警备队改为保安队。1954 年 7 月，日本将保安队改编为陆上自卫队，海上警备队改编为海上自卫队，并成立空中自卫队。这表明，在美国称霸的需求推动下，明治维新后初建、第二次世界大战后崩溃的日本军队又开始走上了重建之路。为了称霸的需要，美国无视自己一手指导制定的“和平宪法”的存在而给日本“松绑”，放任日本在重建军队的路上越走越远。如今，日本公开声称要将自卫队升格为国防军。美国对此无动于衷，日本离再一次真正拥有军队的日子不远了。

其次，美国维护其亚太地区的霸权需要借助日本军国主义。这主要因为：一是美国需要日本搅动东北亚乃至东亚地区动荡起来以便渔利。美国在多方面需要利用日本的军事。如果日本军事没有足够的发展，美国是不可能充分利用日本军事的。只有在日本军事不断扩张的情况下，美国军事才能与日本军事形成“搭档”。如在导弹防御体系上，美国与日本联合攻克了一系列的技术问题，初步形成了导弹防御一体化体系。美国的导弹防御体系主要由海陆空的雷达和拦截导弹系统组成。为了进一步完善这一体系，美国在日本的青森地区部署了第一部 X 波段雷达。美国还需要部署第二部和第三部雷达，以形成一个弧形雷达网。2012 年 9 月，美国国防部长帕内塔访问日本时宣布，美国将在日本部署第二个X波段预警雷达，以用于防御弹道导弹。实际上，如果美国不鼓动日本军国主义抬头，它是不可能如此顺利地部署这种预警雷达的。这主要是因为日本军事的发展在需要提高进攻性能力的同时，也需要提高本国的导弹防御能力。美国实现部署第二部X波段雷达这一目标，是美国助推日本军国主义发展的一大收获。二是美国需要日本为其霸权发挥帮凶作用。自1951年美日形成联盟后，日本一直在美国的称霸战略中发挥着重要的作用。1952年，驻日美军总兵力高达26万人，使用军事基地和军事设施多达2824处。美国使用这些兵力和基地侵略过朝鲜、越南，以及完成其他军事任务，为其控制远东和争霸全球服务。冷战后，美国开始大力地利用日本的军事力量为其霸权服务。1996年4月，美国与日本签署了《日美安全保障联合宣言》，使日本能够更广泛地参与其全球战略。2001年“9・11”事件后，美国又推动日本通过了《反恐怖特别措施法》，这使日本自卫队的军舰于同年11月开赴印度洋配合美军的行动。所以，日本做美国称霸的帮凶，从开始时的提供后勤保障顺利发展到配合行动。虽然日本还是一个配角，这个配角却发挥着十分重要的作用。三是借助日本的军事壮大美国的称霸实力。美国与日本构建军事联盟，其实是利用日本的军事为其霸权服务。朝鲜战争时，美国就开始利用日本的军工企业为其服务了。此后，美国一直将日本的军事作为其称霸所依赖的军事力量的一个重要组成部分。最为露骨的就是，美国在尼克松执政时期提出的总体实力明确将日本的军事实力包括在内。“9・11”事件后，日本迅速出台了《周边事态法》。该法从表面上看是日本自卫队在应对外来威胁时的法律，其实是为美国如何利用日本自卫队服务的。这主要是因为该法将日美两国联合军事行动的区域扩大到了亚洲太平洋地区，日美两国将联合干预亚太地区发生的冲突。

最后，美国正利用日本的军国主义构建亚太新格局。自奥巴马上台后，美国开始加速调整其全球战略，亚太地区成为其全球战略的重心。为了构建亚太新格局为美国的全球战略服务，美国积极利用日本加速这种调整。

一是积极推动日本、澳大利亚和印度形成紧密的战略关系，形成一个包围中国的“第二层级”，淡化美国对中国的遏制与包围这种第一层级的色彩；二是怂恿日本密切与南海某些国家的关系，使日本在南海岛屿争端和海洋权益纠纷中发挥作用，作为美国的代理人来扩大美国在南海问题上的影响；三是在安全问题上充分发挥日本的作用，以帮助美国减小在新亚太格局构建中遇到的阻力等。

三、“三大动作”助军国主义兴起

日本军国主义兴起既有其国内右翼势力的鼓吹，也有民族情结的推动，还有政府的需要，同时受到美国因素的影响也很大。在国内国外、官民互动这种多重因素作用下，日本的“三大动作”将对军国主义兴起发挥十分重要的推动作用。

一是砸开国内法的约束。日本战败后，其军国主义发展极大地受到了国内法的约束，其中对武器出口的限制在很大程度上制约了军国主义的发展。“武器出口三原则”始于 1967 年，是指日本不得向社会主义国家、联合国决议禁止的国家和冲突当事国出口武器。1976年，该原则适用范围扩大，事实上全面禁止了日本的武器出口与研发合作。多年来，日本有关方面多次试图突破这种限制，日本政府均没有给予支持，野田佳彦政府却最终为该项限制政策“松绑”。2011 年 12 月 27 日，日本政府同意大幅放宽基于“武器出口三原则”形成的禁运政策。这次采取放宽政策后允许日本参与武器的国际联合研发生产或以人道主义为目的提供武器装备。可是，人们发现，日本探讨向菲律宾、印度等国出口武器的可能性，并不是放宽政策所允许的。这就让人们有理由认为，一旦日本实现了向其他国家出口武器，日本国内约束军国主义发展的法规、政策等或将像多米诺骨牌一样被冲破。这是一个十分危险的信号。

二是撕开国际公约的束缚。国际约法对抑制日本军国主义的发展也发挥了巨大作用。众所周知，《雅尔塔协议》和《波茨坦公告》等国际公认的文献中都明确指明，钓鱼岛及其附属岛屿是中国领土，战后应该归还中国。日本从侵占者美国的手中窃得该岛之后，如今却想以“从左手到右手”的方式改变钓鱼岛主权的所有者。这种行为，既是日本国内军国主义势力的异想天开，也是对国际公约的公然践踏。实际上，这是日本国内军国主义势力向国际正义力量的挑衅与试探。如果日本的这种行动不能得到遏制，它将极可能采取更多的花样来冲破国际公约乃至国际法的约束，砸碎军国主义发展的外部束缚。亚太地区的和平与稳定或无从得到维护与保障。即便和平与稳定得以存在，那也是非常脆弱的，日本随时都可能将其颠覆。

三是自卫队升格为国防军。日本宪法规定，其不能拥有军队，“永远放弃作为国家主权发动的战争、武力威胁或使用武力作为解决国际争端的手段”，只允许拥有自卫力量，即自卫队。由于日本国内军国主义思潮和军国主义势力没有遭到彻底清除并在一定程度上得到了美国的扶植，日本至今也没有对二战的侵略行为有一个正确的认识。日本政界的政客大佬们每年都去参拜放有二战战犯牌位的靖国神社就是一个突出表现。正是在这种国内政治氛围中，日本一步步地改变着其自卫队的性质。2003 年底，日本通过《支持伊拉克重建基本计划》，使自卫队实现了二战后首次走出国门。接着，日本通过《防卫计划大纲》《应对海盗法》等文件再给自卫队松绑。日本自卫队在国际军事舞台上也日趋活跃，影响越来越大。2007 年 1 月，日本防卫厅又升格为防卫省，自卫队在日本国内政治生活中的地位得到提高。这是日本向“正常国家”、自卫队向军队转变迈出的重要一步。2011 年 11 月，日本右翼媒体《产经新闻》抛出社论，呼吁修改宪法，将自卫队变成“国家军队”。种种迹象表明，日本国内军国主义势力正在崛起。如果这次的“购岛”事件得不到有效遏制，日本国内的右翼势力会更加猖獗。日本挑战东亚国际秩序的日子可能也就不会太远了，东亚的和平与稳定将无从谈起！

第三节　美日联盟框架内的钓鱼岛问题已引起危机四伏

诸多国家都特别重视钓鱼岛问题的发展走向。中美日三国就是钓鱼岛争端这个问题“局”中的相关国家。目前，国际上有许多热点问题。其中的钓鱼岛问题却另有特点。国际上具有重要影响力的中美日三个国家都牵涉到钓鱼岛争端一个热点问题上，这是目前国际社会出现的诸多热点问题中比较鲜见的情况。这既是钓鱼岛问题与其他问题的不同之处，同时也是缘何国际社会对钓鱼岛问题倾注热情关注的根源所在。

一、钓鱼岛问题是美国插手东北亚地区事务而有意设置的一个抓手

冷战后，美国与苏联开始在全球形成对抗局面，但各阶段对抗的特点是不同的。20 世纪 70 年代前，美国在全球处于进攻状态，苏联处于防御状态。进入 70 年代后，在苏联战略实力逼近美国甚至某些方面超过美国的情况下，苏联开始在全球处于进攻状态而美国处于防御状态。正是在这样一个全球战略环境下，美国开始在全球实施战略收缩。20 世纪 70 年代初，美国撤离二战末占领的钓鱼岛，而将所谓的钓鱼岛行政权移交给日本。实际上，这种行政权的“移交”言外之意就是“让日本帮着代为管理一下”。这就导致了钓鱼岛问题的出现，美国占领的是中国的钓鱼岛，中国现在却要与日本解决关于钓鱼岛的问题，而主要当事者却作壁上观。这就是钓鱼岛问题的特殊之处，也是钓鱼岛问题难于解决的症结之一。

首先，美国不愿意收缩其在东北亚地区的影响。从二战后的全球形势看，某些大国撤离其占领或控制的地区时，总是不甘心完全撤出这些地区，而是留下点“尾巴事儿”以便日后继续影响这些地区。如英国撤离南亚地区时留下一个“克什米尔问题”，法国撤离越南时留下个北纬 17

度线问题，美国与苏联争夺朝鲜半岛时留下个 38 度线问题。二战后，美国将占领的钓鱼岛作为其军队演习时的一个靶场。同样，美国撤离钓鱼岛时，将钓鱼岛的主权做模糊处理，以便日后将钓鱼岛问题作为插手东北亚地区事务的一个抓手。东北亚地区是冷战时期美苏两国对抗的重要地区。美国是不会轻易放弃其在东北亚地区的影响力的。即便军事存在撤出了钓鱼岛，美国仍然要在该问题上发挥其影响力。这就是美国制造钓鱼岛问题的战略目的所在。

其次，美国期盼着中国与日本在解决钓鱼岛问题时向其求助。一般来说，国际上的争端问题通常以这样几种方式解决：一是实力相当时通过谈判解决；二是实力相差较大时通过武力解决；三是借助外力的调解来解决。中日两国是世界上具有重要影响力的国家，两国也都是具有相当强实力的国家，同时也是各有战略优势的国家。钓鱼岛问题就是在这样两个国家间出现的一个争端问题。美国期盼着中国和日本两个国家都向其求助。一方面，日本向美国求助，使美国能够进一步加强与日本的联盟关系。冷战后，由于美日间共同的威胁消失了，日本对美国的离心倾向加大。美国要继续在东北亚地区压缩某些国家的安全战略空间，所以它仍然需要日本这个盟友的存在。这样的话，美国就要有敲打日本的“东西”，钓鱼岛问题正是能够发挥这种敲打日本作用的一个“东西”。另一方面，中国在冷战后成为美国要规制的国家。如何让中国进入美国的规制和服从美国的规制，是美国战略筹划的一个重要问题。钓鱼岛问题便也成为美国敲打中国接受其规制的一个筹码。不难发现，美国期待着中国和日本都在钓鱼岛问题上向其求助，这样美国便可从中纵横捭阖构建其设想的东北亚地区安全格局。

最后，钓鱼岛问题没有美国的介入确实是不易解决的。1. 日本是一个岛国，视岛屿为国家生存的根基。明治维新后日本对朝鲜半岛和中国大陆的殖民侵略，就是出于其对岛屿生存危机的恐惧。去年的海啸更是引起日本对陆地占有的渴望。从这个角度看，日本不会轻易放弃对钓鱼岛的控制。2. 中国不会放弃钓鱼岛的主权。这主要是因为：一是有国际条约明确规定钓鱼岛主权属于中国。这是中国对钓鱼岛拥有主权的国际法依据。二是中国共产党领导下的新政府已不是旧中国政府，不会在国家领土主权问题上再走旧政府的老路。对此，某些国家应该有一个清醒的认识，而不应抱有不切实际的幻想。3. 解铃还须系铃人。由于钓鱼岛问题对中国和日本都具有重要的战略意义和战略价值，中国和日本两国在钓鱼岛争端问题上,谁都不肯首先做出让步。这是明眼人一看便知的事情。那么，解决钓鱼岛争端的出路在哪里呢？因为钓鱼岛问题是美国一手制造的，所以钓鱼岛争端没有美国的介入是不可能解决的。美国的战略天平偏向哪一方，钓鱼岛争端的砝码就会倒向哪一方。所以，美国目前采取的策略就是不断制造或明或暗的文章，使中日两国都感觉到其偏向本国的意向，以便掌控钓鱼岛争端的发展走向。这是美国最想达到的效果。

二、钓鱼岛问题是美日博弈的一个枢纽性问题

当今，由于以美国为首的西方国家失去了苏联那样的威胁，美国一方面要防止新的苏联式的威胁出现，另一方面也要防备其所在的西方阵营中出现对手，同时西方国家内部也展开了激烈的竞争。美国与日本之间的关系就是这样。冷战时期，美国与日本的竞争被苏联这一共同威胁所掩盖，从而降为次要地位。冷战后，美国与日本没有了明确的共同威胁，两国间的竞争矛盾逐渐上升。在一定程度上看，美日间的矛盾已经成为一种显性矛盾。美日两国的博弈也呈现出新的特点。

首先，美日两国进入博弈的新时期。冷战时期，美国与日本的联盟关系是一种不平等的关系。在这一时期里，日本与美国的矛盾在于日本争取在联盟关系中的地位问题。冷战后,美国与日本的关系逐渐向平等化发展，并已经从原来的“父子关系”转变为“兄弟关系”。在这种情况下，日本与美国之间的矛盾在于利益之争。美国是世界上唯一的超级大国。日本的

国家战略目标是成为联合国安全理事会的常任理事国。在国际问题上，日本处处以一个世界性大国的面目出现。在钓鱼岛问题上，日本是不会轻易按照美国的意旨行事的。但是，美国在钓鱼岛问题的战略目的是“调教”日本。日本与美国在钓鱼岛问题上或会进入一个新博弈状态。不难发现，进入 21 世纪后，虽然美国与日本存在着联盟关系，但两国日益进入了一个激烈竞争的新时期。

其次，钓鱼岛问题是美日相互博弈的一个重要筹码。在美国的战略视野里，美国既要利用日本，也要约束日本不要偏离其战略轨道。冷战后，日本在海外的一系列军事扩展的背后都有美国的推动和支持。这是美国的全球军事行动所需要的。问题在于,日本在向海外扩展其军事影响的时候，存在着不听美国意旨的事情。如在朝鲜宣布发射卫星后，美国向日本提供了“爱国者”导弹防御系统，以防日本国土遭遇不测。日本却声称要击落朝鲜的卫星甚至还要打击朝鲜的发射场。日本的这些举动与美国在东北亚地区的战略是相悖的。美国如何控制日本的军事行为、日本如何从美国手中争取更大的自由，这是美日博弈的核心问题，于是，钓鱼岛便成为美日两国博弈的一个筹码。这主要是因为：在日本与周边国家的岛屿争端中，钓鱼岛是日本当前控制的岛屿。日本在钓鱼岛问题上的得与失将直接影响日本与其他国家存在的岛屿争端问题的走向。这是美国紧紧抓住钓鱼岛问题影响日本的一个重要原因。同样，在东北亚地区，随着台海形势的改善，美国利用台湾这个砝码影响中国大陆的可能性下降。如何继续向中国政府施加影响，钓鱼岛问题是其目前的最佳选择。因此，日本在钓鱼岛问题上的所作所为，对美国影响中国的战略将会发挥重要影响。所以，钓鱼岛问题也是美国的一个“死穴”。从美国和日本两国的战略看钓鱼岛问题，该问题都是美日两方进行博弈时的一个重要筹码就不奇怪了。

最后，钓鱼岛问题影响着美国的东北亚战略走向和日本军事发展的战略选择。钓鱼岛问题之所以影响美国的东北亚战略走向，主要是因为：美国在钓鱼岛问题上的战略选择将会折射出美国采取了什么样的东北亚战略。美国的东北亚战略是美国全球“陆海相邻地带战略”的重要组成部分，尤其对其东南亚战略具有重要的示范性影响作用。美国对其东北亚战略是非常重视的，钓鱼岛问题在美国的东北亚战略中具有重要的影响作用。所以，在钓鱼岛问题上，美国一面在私下场合露出日本拥有其主权的口风，另一方面在公开场合又避而不谈钓鱼岛的主权问题。这就表明，美国在钓鱼岛问题上正采取一种走着瞧的策略。实际上，美国正在权衡日本与中国在未来对其所能发挥的战略价值。近几年来，日本一面在国内不断重视向西南方向延伸其军事存在，另一方面也不断扩大其海外的军事影响力。钓鱼岛就处在日本向其西南方向延伸军事存在和向海外扩展军事影响的交接地带。钓鱼岛问题对日本向其西南方向延伸军事存在和向海外扩展军事影响都具有重要作用。所以,日本在钓鱼岛问题上不会轻易走出关键的一步，在未来的一个时期内，日本会处于一种观望状态，静候国际形势的发展变化。一旦出现对其有利的态势，日本在钓鱼岛问题上才可能会走出新的一着棋。

三、钓鱼岛是中、美、日三国进行战略试探的一个试金石

随着中国综合国力的不断提高和日本对美国离心力的不断增加以及美国全球战略重心的东移，钓鱼岛实际上越来越成为中、日、美三国如何布设东北亚棋局和在这一棋局中如何布子的一个关键性问题。

钓鱼岛问题影响着美日联盟走向。在东北亚地区，美国在推行其联盟战略时受到越来越大的压力。韩国政府不断向美国索要其军事的战时指挥权，韩国民众对美国军人在韩国的霸道越来越反感，尤其是美国挑衅朝鲜的行为让韩国民众感觉其安全受到的威胁越来越严重。韩美联盟受到的压力不断上升。这让美国不能不重视其与日本的联盟关系。一方面，美国向日本施加压力，迫其密切与韩国的关系，并助其拴住韩国。这也是缘何日本与韩国要签署有关情报共享协议的重要原因。另一方面，随着日本离心

力的增大，美国也在不断使出浑身解数来拉拢日本。钓鱼岛问题便成为美国与日本共同考验对方的一个重要问题。如果美国支持日本在钓鱼岛问题上的立场,日美关系可能会大大提升;否则,日美关系将会遭受挫折。所以,美国与日本双方从政府这个官方层面上谁都不愿走出新一步。日本方面是不断以民间的声势来向美国施加压力，美国则以私下和公开唱双簧的策略让日本摸不清底细。这就是目前美日双方在钓鱼岛问题上相互试探的一个重要原因。

钓鱼岛问题是中美两国未来博弈的一个焦点问题。随着美国全球战略重心的东移，美国正将其冷战后对付俄罗斯和朝鲜的军事部署向着对付中国这一目标进行新的部署，其中的一个重要表现就是在中国家门口加大了军事存在。美国在东北亚地区的军事部署正呈现出一种由北向南转移的趋势。同时，美国支持日本沿着琉球群岛不断向其西南方向延伸。日本正计划向群岛最西南端的与那国岛部署兵力，以尽可能地靠近中国大陆并保持其军事存在。随着中国海外利益的不断拓展，中国海上力量必然要走出国门向全球发展，第一步就是要跨出第一岛链，向第二岛链发展。纵观中国陆海相邻地带，钓鱼岛是其走向第一岛链的重要岛屿。从这个视角看，中国与美国在钓鱼岛问题上的博弈将会是非常激烈的。

钓鱼岛问题是中日两国博弈的一个中心问题。就中国而言，钓鱼岛既是中日甲午战争留下来的一个耻辱性问题，也是二战后受到美国欺压造成的遗留问题。钓鱼岛问题事关中华民族的尊严，事关中国领土完整和海洋权益拓展。就日本而言,日本控制钓鱼岛既是给其二战失败找回点“面子”,同时也是在以侵占中国领土来表达其不承认被中国打败的想法。最重要的是，日本妄图占据钓鱼岛以弥补其侵略大陆政策失败的心理落差。所以,钓鱼岛对中日两国来说都事关重大，中日两国未来将会针对这一问题展开博弈。

四、钓鱼岛问题是西太平洋地区海洋权益之争系列问题中具有“风向标”性质的问题

随着全球经济发展重心由北美向亚太方向转移和美国全球战略重心从欧洲向亚太方向转移，亚太地区的利益争夺将会越来越激烈。在亚太地区的利益争夺中，其特点在以下几个方面将表现得更为突出：

西太平洋的海洋权益之争实际上是该地区未来战略格局构建的一个前哨站。在西太平洋地区，海洋权益之争问题，既有传统遗留下来的问题引起的，也有《国际海洋法》引发的，还有对资源的渴望所点燃的，等等。实际上，这些原因都是表面现象。这种现象背后的动因是参与西太平洋地区海洋权益之争的国家都想在西太平洋地区未来的战略格局中发挥作用，甚至影响未来的西太平洋战略格局。谁在这种格局中占据有利地位，谁就将在西太平洋的利益分割中占有更大的份额。海洋权益争端解决的过程是力量磨合的过程，也是力量格局构建的过程。这就是西太平洋地区海洋权益之争日益热起来的重要原因。这种热有两个特点：一是参与“热”的国家，不管国家大小，实力强弱，都在死扛着；二是西太平洋地区之外的国家也都积极参与进来，以达到在未来西太平洋战略格局中具有影响力的目的。

钓鱼岛问题是影响西太平洋地区海洋权益之争系列问题的一个标志性问题。马克思理论告诉我们，解决任何矛盾，只要抓住了主要矛盾，其他矛盾也就迎刃而解了。在西太平洋地区的诸多海洋权益争端中，钓鱼岛争端是一个主要矛盾。因为这个问题涉及中、美、日三个具有重要国际影响力的国家。其他问题有的是涉及两个有重要影响力的国家，或者一个具有重要国际影响力、另一个不具有重要的国际影响力。在这种形势之下，钓鱼岛争端问题的发展将对其他问题具有强烈的影响力和示范性作用。这如同当初美国与中国建交后，许多国家纷纷主动与中国建交一样，钓鱼岛问题的解决将会极大地推动其他海洋权益争端问题的解决。

钓鱼岛问题的解决会引起西太平洋海洋权益之争问题的连锁性解决。

实际上，中国之所以与其他国家难以解决海洋权益争端问题，始作俑者还是美国。一旦中国与日本解决了钓鱼岛问题，这就表明中美之间的战略关系得到了调整，战略矛盾得到了缓解或得到了解决。在亚太地区的各种矛盾中，中美关系还是占据着主要地位的。一旦中美关系稳定下来，其他矛盾也就可以顺利解决了。如果钓鱼岛问题得到了解决，中国与其他国家存在的海洋权益争端问题也将会顺利地得到解决。这将是未来的一种发展趋势。

第四节　日本军事已紧锣密鼓展开行动

美国正紧锣密鼓地进行着全球战略重心“东移”,不管是实施兵力调整，还是举行多边联合军演，或是强力向亚太国家展开武器输出，美国的每一个动作都深深地吸引着世人的眼球,同时也成了全球媒体的聚焦点。可是，人们却忽视了这样一个现实：美国战略重心调整这一焦点事件掩蔽了日本这个国家正悄悄进行的军事行动，即日本军事正向危险的边缘走去。日本连续采取的“冲破”举措使其向军事强国迈进。二战后，美国与日本结成联盟,日本军事一直在美国规定的“圈儿”内行动,从未敢迈出其国土半步。

随着冷战结束，美国开始放松套在日本头上的军事“紧箍咒”，日本军事开始活跃于世界军事舞台。日本先是随着美国打海湾战争让其军事力量迈出国门，接着借助反恐战争又将其自卫队派到了国外；随后，日本又从体制上将自卫队向军队的方向转变，把防卫厅升格为防卫省，自卫队已经成为事实上的军队，只是名称没有改变而已；随后，日本又从条条框框上下功夫，先是松开“武器出口三原则”，最近又打破太空开发向军事应用的限制。诸如此类的举动，使“和平宪法”对自卫队的种种限制已形同虚设。日本一次次对军事限制的“冲破”已使其军事活动在国际军事舞台上的同一个正常国家几乎没有两样。

如此发展下去是十分危险的。这主要是因为日本不正常的军事心理使其极易成为一个危险的国家。人们都知道，日本和德国是二战结束时两个主要的战败国家。但是，这两个国家对战败的认识却完全不同。德国是对本国的战败以及其在二战中给其他国家造成的灾难等事实都完全认可的国家，而日本却是一个不认输的国家。日本认为，其之所以在二战最后签署了投降条约，是美国使用原子弹促成的而不是真正的战败。二战后，日本一直有一种不服输的心理在作怪。这种心理也使日本认为自己军事上比其他国家都强，瞧不起其他国家。在许多与战争相关的问题上，日本总是我行我素，根本不把东亚地区曾经遭受过其侵略的国家放在眼里，如日本政客不顾周边国家的强烈反对每年都去靖国神社参拜。在慰安妇问题、南京大屠杀问题、化学武器和细菌武器的使用问题等等，诸如此类与二战期间日本相关的问题上，日本都给予强硬的否认。这些否认都折射出日本根本不认可其在二战中的战败。这也是日本多年来一直在军事上做各种小动作的动因。如海湾战争结束后，日本出版了一本书，名为《日本可以对美国说“不”》。该书提出了一个观点：如果没有日本的电子芯片，美国是不可能打赢海湾战争的。实际上，日本的这种观点已经透露出，日本的军事技术在世界上是一流的，美国没有日本的军事技术是不可能维护其超级大国地位的。同时，这种观点说明日本根本不把美国军事放在眼里，其对美国军事持一种藐视的心态。德国因为没有很好地反省一战的失败而成为二战的策源地。日本如果不能很好地反省二战的罪行，其军事一旦在国际舞台上发挥作用，就很容易成为影响亚太乃至世界和平与稳定的祸根。

日本极力想在军事上成为世界大国。随着实力的增强和国际环境的变化，日本正追求成为联合国安理会常任理事国这一国家战略目标。日本已经是一个经济大国和科技大国。日本还想成为一个政治大国。日本认为其军事是其成为政治大国的一个短板。日本在追求政治大国目标的过程中特别重视发展成为世界上的军事大国。据此，日本不遗余力甚至不顾亚太国家的感受大力扩展其军事的国际影响。这是让国际社会尤其是亚太国家最为担心的事情。一旦日本军事完全按照自己的意志行事而无视国际规则，那将会是非常危险的。这主要是因为：一是日本在军事上“复仇”的可能性是存在的；二是日本军事有能力搅动亚太安全形势；三是除其“和平宪法”外还没有国际规则约束日本军事在国际上的行动。

历史是一面镜子。人们对一战和二战前德国的所作所为是不会忘记的。日本军事在当前的所作所为能否改写亚太历史，这是一个值得关注的问题，尤其应该引起亚太地区其他国家的警惕。

第五节 正确认识日本的威胁

随着“岛争”的激烈，日本在防务方面的一些举动很是热闹，一会儿声称要在东亚地区做一个支持美国亚太战略调整的“榜样”，一会儿又大张旗鼓地宣称要支持美国对伊朗的军事行动，再一会儿撤换防务大臣，如此等等。实际上，日本在军事上采取的一系列动作正在加速提升其对周边国家的威胁。

首先，日本将加速提升进攻性武器的技术水平。

日本是世界上的科学技术强国。同样，其军事技术水平也位居世界先进行列。海湾战争后，日本人曾自豪地说，美国人用日本的芯片打赢了这场战争。这不能不从一个侧面反映出日本军事技术在世界上的领先地位。由于日本自卫队的武器装备受到“和平宪法”的约束及“禁运”政策的限制，日本自卫队的进攻能力并不如其防御能力。二战后在美国主导下制定的“和平宪法”使日本失去了拥有军队的权力，只能组建负责岛屿防御的自卫队这种军事力量。这就约束日本不能发展向日本列岛之外进攻的能力。二战期间，日本就能生产当时世界上先进的进攻性武器，如战机、潜艇等。战后，日本的这种能力遭到毁坏。随着朝鲜战争的爆发，日本生产进攻性武器的能力得到恢复。朝鲜战争停战后，由于政府采购这些进攻性武器的规模逐渐变小，日本军工企业的生产能力也大大下降。同时，日本自 1967 年正式实施“禁止向共产主义国家、联合国下达禁令的国家以及卷入国际纷争的国家出口武器”为主要内容的武器禁运原则。1976 年，日本政府将该原则适用范围扩大，几乎禁止向所有国家出售武器，事实上也就是全面禁止了日本武器的出口与研发合作。这也使日本研发进攻性武器的能力弱化。2012 年年底，日本政府给实施了数十年的禁运原则“松绑”，将允许日本参与武器的国际联合研发生产及以人道主义为目提供武器装备。这就意味着日本研发进攻性武器的能力将急剧提高。由于日本向外扩展军事影响的需要，日本自卫队采购进攻性武器的幅度将会上升。日本军工企业也将满足其自卫队的这种需要。这种“良性”互动，会使日本自卫队的进攻性能力大大提升。由于日本国内右翼思潮泛起，军国主义思想渐浓，日本自卫队进攻能力的提升对周边国家正构成严重的威胁。

其次，日本将在亚太军事舞台上更加活跃。

自 2011 年 11 月 10 日美国国务卿希拉里·克林顿在夏威夷大学东西方中心发表演说，强调亚太地区将是美国今后的外交战略重心，21 世纪将是美国的太平洋世纪之后，美国开始急速推进全球战略的调整。其采取的战略举措之一就是充分发挥其在该地区的盟友作用。面对美国全球战略新布局，日本异常活跃，表示要在美国的亚太盟友中做一个支持美国战略调整的“榜样”。在具体操作中，日本加强与印度的军事关系就是一例，其目的就是以此向美国表明，日本可以在美国的亚太新军事布局中发挥重要的作用。希拉里讲话不久，日本的新首相野田佳彦就亲赴印度与印方商议，定于 2012 年举行日本海上自卫队与印度海军的首次双边联合军事演习。之前，日本和印度的海上力量已经多次在美国主导的多边联合军演中“共过事”，这次是日印两国共同进行的联合军演。其战略意图是显而易见的，那就是日本可以在美国新军事战略中发挥尖兵的作用。刚刚跨入 2012 年，日本媒体就构想中国与日本之间出现钓鱼岛危机以及日本如何反应，故意挑动与中国的安全问题。实际上，日本媒体这样做的目的也是在提醒美国，日本在美国遏制中国的战略链条中仍然具有重要的战略价值，期望美国给予其亚太地区盟国中的日本以足够的关注。这也是醉翁之意不在酒！接着13日，日本财务大臣安住淳表示，日本也计划减少从伊朗进口石油，与美国和欧洲国家保持步调一致。日本的这种表态出自一个财务大臣之口而没有出自防卫大臣之口，其目的是一方面表明日本在美国对伊朗这一问题上的立场，同时也是为了弱化该种立场发表后可能引起的国际反应。从日本的这一立场不难看出，一旦美国对伊朗采取军事手段，日本将会给予积极的配合与支持。在美国对伊朗的可能军事行动中，日本将发挥比自海湾战争以来其参与的美国历次海外军事行动都重要的作用。这是日本军事让亚太地区的国家不可掉以轻心的发展势头。日本军事上的这种活跃表明日本参与亚太地区冲突的可能性在急剧上升。

最后，日本将自己与美国绑定得更加牢靠。

在欧亚大陆的两端存在着两个岛国，一个是英国，一个是日本。这两个岛国都是依傍美国在国际舞台上发挥作用的。英国面临每况愈下的国际地位，只能紧紧地拽住美国来维护自己的影响力。日本则是一个军事上“不正常”的国家，靠跟着美国不断提高和改善国际地位。日本在21世纪的国家战略目标之一就是成为联合国安理会常任理事国，改善目前的军事境遇是日本政府面临的主要战略问题。怎么改善？日本走的是一条紧紧地将自己与美国绑在一起的道路。可以看出，在美国的亚太盟国中，日本是美国最铁杆儿的小兄弟。

随着美国全球战略重心和称霸策略的调整，日本也想抓住机会提升其国际地位。其一，在武器装备上与美国一体化。2011年12月20日，日本宣布采购美国的F-35联合攻击战斗机，将其定为自卫队的下一代主力战机。这不仅拉近了日本与美国的军事关系，更重要的是通过这种武器一体化，日本与美国绑得更紧了。其二是深化日本与美国的军事关系。2012年1月5日，日本媒体报道，为应对朝鲜半岛可能发生战事的情况，美国海军将秋田、新潟、下关、博多、长崎和鹿儿岛等6个港口定位为“重要港口”，这些港口在战时可以作为美军的补给基地和发起攻击的出发地。这意味着日本在东亚地区，尤其是东北亚发生战事时，其参与美军的行动是毫无疑问的。这对东北亚地区的安全稳定十分不利。这是种“舍不了孩子套不着狼”的做法，可见，为了加强与美国的军事关系，日本将自己和美国绑得更紧，已经到了不顾一切的地步。

日本演变为影响亚太地区安全稳定的动荡源的趋势正日益凸显。这种发展势头应当引起亚太地区有关国家的密切关注。

第三章　印度军事及其对我威胁

印度是位于南亚次大陆的一个军事强国。南亚次大陆是一个地理环境非常特殊的大陆。它三面环山，一面临海。北面以喜马拉雅山脉与中国相隔，西面以兴都库什山脉与中亚和中东地区相望，东面以那加山脉与东南亚相分，南面以半岛形式伸入印度洋约 1600 多公里。据此，南亚次大陆形成了一个半封闭的地理单元。在这个独立的地理单元里，周边国家在军事上无法与印度相比，印度则以其超群的军事实力成为名副其实的“南亚大象”。印度继承英国殖民主义的衣钵而形成了特殊的军事思维，在军事发展和运用上经常表现出己所不欲，硬施于人的姿态。尤其在对待中国时，印度经常出尔反尔、随心所欲地强加给中国各种帽子，为其发展军事制造借口。进入新世纪后，印度在军事上针对中国的动作越来越多。这给中国国家安全带来了越来越大的威胁。

第一节　争当“有声有色”的强国

印度现任总理曼莫汉·辛格在第一次当选后的议会演说时指出，印度要在2030年左右成为世界强国。随后，印度政客在不同场合频频发表演讲，鼓吹“21世纪是印度的世纪”。这表明，印度已经加快了向开国总理尼赫鲁提出的成为世界上“有声有色”大国这一目标迈进的步伐。

人们都知道，军事是为政治服务的。印度为了保证国家目标的实现，军事上也制定了相应的战略目标，即“以国家战略为指导，以军事实力为后盾，威慑巴基斯坦，遏制中国，控制弱小邻国，拦阻区外大国，加强内卫治安，并通过海洋威慑和核威慑能力，争当世界军事强国”。具体内容是：

一、威慑巴基斯坦

印度将巴基斯坦视为“印度安全与统一的最大威胁”“现实的主要作战对手”，进而将其作为首要的慑服对象，准备与巴基斯坦打一场全面战争。针对巴基斯坦的“防御型”战略、“代理人战争”，以及巴战略预备队的实力，印度提出，“在确保领土损失最小的同时，保持发动反攻的能力，以便迫使巴撤出它所侵占的领土，并迫使其预备队投入作战，从而摧毁其军事能力与政治意志”。印度防务专家扬言，印度能“随时随地”对巴实施军事打击，并且“有能力取得彻底胜利”。

二、阻遏中国

印度以我国为主要“潜在对手”和阻遏对象，其具体目标包括：一是巩固业已取得的扩张成果，确保对边境的有效控制，特别是对中印边界争议地区的控制，维护既得利益，并以实力为后盾，促使边界谈判朝着有利于印度的方向发展；二是阻遏我国武力收复失地，即使动武，印军也要有足够的能力进行战争，使我国付出“难以承受的代价”；三是遏阻我国在南亚扩大影响，促使中国承认印度在南亚的大国地位，并认同印度的地区利益，特别是不与印度的邻国发展军事关系；四是加速与东盟建立经济上的“战略联盟”与军事上的“合作与依赖”关系，防止中国“成为本地区的支配性强国”。

三、控制弱小邻国

对南亚弱小邻国实施有效威慑和长期控制，一直是印军战略目标的核心内容之一。出于保障周边“和平环境”、稳定国内政治局势的战略考虑，印度近年来采取了一系列与南亚邻国缓和关系的措施，但其战略目标并未变化，即以外交努力、军事“合作”、经济渗透、政局监控或直接干预等综合方式谋取和维持对这些国家的威慑与控制。

四、拦阻区外大国的渗透

其具体做法是，一是阻止区外大国卷入南亚内部事务，特别是阻止区外大国与南亚国家进行军事合作，谋取军事基地；二是限制世界军事强国的海军进入印度洋；三是建立一支强大的海军，保护印度领土、领海的安全以及海上权益。

五、强化“维稳”“维和”的职能

“维稳”就是强化内部治安，维护社会稳定。在印度这个多民族、多宗教国家里，军队还承担着繁重的“维护国家统一”的任务，多次应召援助民政当局维持法律与秩序。在党派斗争加剧，民族矛盾复杂，宗教冲突不断，“恐怖主义、毒品贩运、原教旨主义和分裂主义”等新威慑迅速蔓延的今天，保障国家统一，维护国内安全，支援国家建设等关系到国家安危和发展的问题日益突出。

“维和”就是积极参与联合国维和行动，借此不仅可以“捍卫祖国尊严”，提高国际影响，为印度早日成为联合国安理会常任理事国创造条件，还可以加强与外国军队的联系与合作，通过与其他国家现代化军队的共同训练和工作，锻炼部队、扩大视野、提高素质。

六、发展海洋威慑和核威慑能力

印度认为，“海军是力量的象征，要想成为世界一流大国，就必须有一支世界一流的海军”。随着海洋地位的日益提高，印度未来与周边国家或区外国家发生战事的可能性增加。为确立印度在印度洋的支配地位，防止区外大国染指印度洋，必须建立一支“世界级”的海军，增强战略威慑能力。为此，印度把建立一支现代化的远洋型海军作为实现其海洋威慑战略的主要途径。

印度把发展核力量作为谋求大国地位的重要途径，同时力图对巴基斯坦和中国形成有效的核威慑，并在印度洋地区建立起一支全面的核力量，遏阻其他力量插足南亚事务。为此，印度强调要建立一支“最低限度有效的核威慑”力量。这支力量将由战略轰炸机、机动陆基导弹和海基武器系统组成，具有较强的生存能力和二次核打击能力。印度还试图扩大导弹核武库的规模，以能与中国核力量相抗衡。

第二节　“南亚大象”追求绝对军事优势

印度现在已经是在南亚地区发挥着地区主导性作用的国家，但其仍然在追求更大的军事优势。

一、追求更大的地区军事不平衡

南亚地区军事力量结构不平衡是自殖民主义者撤出南亚地区，南亚地区被殖民的国家独立以来就一直存在着的一个现象。印度是南亚地区军事实力最强的国家。印度周边分布的都是实力与印度无法相比的弱小国家，甚至某些小国的国防还受到印度的“指导”，武器进口及军事外交都受到印度的“约束”。

自 1974 年锡金成为印度的一个邦之后，印度周边的国家就如同众星捧月一般拱卫在其周围，并且呈现互不相连的状态分布在周边。这些国家根本无力与印度抗衡。尤其是 20 世纪 80 年代后半期，印度先后出兵斯里兰卡与马尔代夫两个国家，更显示出其在南亚地区的大国实力与地位。

冷战后，印度开始推行大国战略，积极争取成为联合国安理会常任理事国，军事上也在积极为这一目标的实现做着铺垫工作。可以说，自冷战结束至今，印度的军力发展呈现出一种让人刮目相看的状态。至今，印度的军力在整个南亚地区的 7 个国家中是首屈一指、遥遥领先的。特别是经过 2011 年的加速发展，印度军力使整个南亚地区原本就不平衡的力量天平更进一步倾斜。

首先，军队规模形成超级不平衡的态势。在南亚地区，印度拥有 132 万现役部队，同时还有 214 万预备役部队。这使印度军队规模名列世界第三位。南亚地区的国家中兵力规模仅次于印度的是巴基斯坦，但其军队人数还不到印度的一半，南亚地区其他国家拥有的兵力规模更是无法与印度相比，马尔代夫这样的国家甚至连军队都没有。在这种兵力规模对比严重失衡的形势下，印度还在下大力气大幅度扩大总体兵力规模。据印度媒体报道，印度已经通过一项预算 130 亿美元的军事现代化计划，其中的一项工作就是要在第 12 个五年计划（2012~2017 年）间征召 9 万新兵部署到中印边界地区。如果这一计划得到落实，印度总体兵力规模将会进一步扩大，极可能超过美国。仅仅这个征召新兵的规模，就相当于南亚地区一个小国的兵力总和了。印度还在不断加大对军力发展的投入，兵力规模将可能会继续扩大。南亚地区兵力规模对比不平衡的状态也会继续扩大。

其次，在南亚地区，各国的武器装备水平也在不断拉大差距。印度军队的武器装备进口来源比较庞杂，被国际社会戏称为“万国牌”。印度曾在第 11 个五年计划期间斥资 82 亿美元用于购买外国武器装备，以弥补陆军武器装备方面的不足。同样，印度的海军和空军也得到了外国武器武备的武装。印度大力购买国际市场上的先进武器装备，这使印度荣登全球武器进口的榜首。据瑞典斯德哥尔摩国际和平研究所统计，在 2006~2010 年的 5 年间，印度进口武器装备量在全球占据的比重上升到 9%，成为世界第一武器装备进口国。在 2011 年间，印度向国际市场上抛出的购买军火订单频出。据印度媒体报道，2011 年 6 月，印度交付美国一份价值 41 亿美元的军火订单，用于购买 10 架运输机。与此同时，印度还向欧洲抛出了一份价值 104 亿美元的军火订单，用于从欧洲国家购买战斗机等先进武器装备。到年底时，英国媒体报道说，印度已将这一数额提高到 200 亿美元。可见,印度是想投入巨资购入先进武器。此外，印度还将大额军火订单砸向俄罗斯。俄罗斯是印度武器进口的传统国家。印度军队武器装备的 82% 皆来自俄罗斯。2011 年，印度在国际进口武器装备时，也照样从俄罗斯重金进口先进武器装备。2011 年俄罗斯武器出口额达 113 亿美元。其中，仅出口给印度的就占数十亿美元。印度是俄罗斯的最大武器出口国，同样也使俄罗斯成为其最大武器供应国。除美国与俄罗斯之外，印度还从以色列、英国、法国、意大利、波兰、德国、荷兰、乌克兰、澳大利亚、加拿大和挪威等至少 15 个国家进口武器装备。从如此众多的国家进口武器装备，这使印度军队成了多国军队武器装备的试验场。当然，这些武器装备起来的印度军队，与南亚地区其他国家相比，有绝对的实力优势。

再次，战略力量对比失衡更加突出。在南亚地区，印度与其他国家相比，拥有着绝对优势的战略力量，具体表现在战略核力量建设方面。

在印度的战略力量结构中，分为地面、空中和海上战略核力量。目前，印度正在有条不紊地建设三位一体的战略核力量。2011 年，印度多次进行了能够携带核弹头的远程导弹试射。如 11 月 15 日，印度从其东部奥里萨邦惠勒斯岛综合试验场发射了一枚射程达 3000 千米的“烈火”–2 改进型远程导弹。印度方面还宣称将要试射一枚达 5000 千米射程的“烈火”–5 型导弹。印度与俄罗斯之间已经达成协议，印度将租用俄罗斯的一艘核潜艇，租期 10 年。加上印度空军的战略轰炸机，印度三位一体的战略核力量体系将得到进一步完善。相对而言，巴基斯坦因为陷于内部政治斗争和外部军事干预的泥淖，其战略力量的发展与实力的提高一直是萎靡不前的。其他国家更谈不上拥有战略核力量。从这一点可以看出，印度的战略力量具有遥遥领先的地位。

最后，南亚地区各国在军事投入上形成更大反差。在南亚地区，印度一直是该地区经济发展势头最好的国家。在这种形势下，印度军事上的投入增长速度多年来比国民生产总值的增长速度还要快。这使得印度军事在南亚地区形成了一枝独秀的局面。据瑞典斯德哥尔摩国际和平研究所报告分析，印度在 2011 年已成为全球军事投入增长速度最快的国家。据印度扩军计划显示，印度未来将着力发展海军力量，在未来 20 年内投入近 450 亿美元装备 103 艘新舰艇，其中包括驱逐舰和核潜艇。不难相信，军事上的高投入将进一步拉大印度与南亚地区国家的军力差距。南亚地区军力严重失衡的局面是不可逆转的，这种形势将会持续发展下去，失衡的幅度会越来越大。

二、积极与区外国家发展军事关系，夺取更大战略优势

首先，印度积极在南亚地区之外发挥影响不能不受到关注。这方面，印度最突出的表现就是既与美国拉关系，又与俄罗斯拉关系，同时还与欧盟拉关系。这是印度在国际舞台上利用矛盾为己所用的一个重要表现。美

国方面，印度在2011年已经成为美国的第三大武器出口国，采购的武器合同金额达45亿美元。美国出售给印度的武器装备有海军侦察机、运输机、导弹以及其他武器系统，几乎无所不包。这使印美军事关系不断升温。印度与美国军事高层之间的来往越发密切。这除与美国将全球战略重点从反恐调整为“重视亚太”有关外，还与印度在美国全球战略中可以发挥更大的遏制中国的作用不无关系。据世界武器交易中心分析，2011～2014年间，印度将成为俄罗斯武器三大进口国之首，或将占据俄罗斯武器出口的48%。这将牢牢绑紧印度与俄罗斯的军事关系。

其次，印度与中国周边国家发展军事关系也是一个不可忽视的发展动向。2011年，印度与蒙古举行了联合军事演习。印度官员声称，位于中国与俄罗斯之间的蒙古已将印度视为“第三个邻国”。印度也加大了与蒙古的军事往来。7月31日，印度军队就参加了在蒙古举行的“可汗探索——2011”多国维和军事演习。9月15日，印度又派出军队参加为期近半个月的名为“游牧大象”的军事演习。近年来，印度与越南之间的军事关系也在不断升温。印度已经成为越南军队的俄制武器零部件供应国。

最后，印度还与越南探讨举行军事演习问题。2011年，美国、日本与印度三个国家还首次聚会共同讨论“南海安全”问题，印度还提议与日本共同举行联合军事演习，日本给予了积极的回应。双方就两国海上力量于2012年共同举行首次联合军演达成了协议。2007年和2009年，日本曾经参加过美印联合军事演习。这次两国海上力量共同举行联合军演还尚属首次，对两国的军事发展必将产生重要的影响。从与印度举行联合军事演习的国家名单中可以看出，印度几乎与中国周边的国家都将举行联合军演。这种动向是一个不能不让人深思的问题。

第三节　以“中国威胁”为由大力发展军力

在南亚地区，印度军事实力的发展极具代表性。实际上，印度军队已成为南亚地区军事形势发展变化的主导性力量。印度大力提高军力的这一动向应引起足够的重视，其提高军力的主要做法是：

一、加大军费投入

印度的一个财年指从本年度的 4 月 1 日起至下一年的 3 月底。如 2011 财年是从 2011 年 4 月 1 日起至 2012 年 3 月 31 日。2011 财年的印度军费达 363 亿美元，比上一财年增长了 11%。这种增长速度可以说是自冷战以来印度军费增长的一个缩影。20 多年来，印度军费一直处于增长状态，这在南亚地区是比较鲜见的事情。据媒体报道，在 2012 ~ 2017 年，印度国防费用将达到 1000 亿美元。从这些数字中不难看出，印度投入了巨大的国防费用，使其军力持续提高有了财力上的保障。这就是印度军力近年来提升的重要原因。

二、大量购入军火，装备先进武器

多年来，印度一方面自主研发新式武器装备，另一方面又花费巨资从国际市场上购入先进武器装备。据统计，印度的武器装备 80%以上来自国际市场。2011 年，印度不断追加购买军火的费用，这使得印度一举成为国际市场上购买军火的第一大户。在这些军火中，印度购入的既有先进的作战飞机，也有地面士兵用的简易常规武器，既有租来的核潜艇，也有购入的其他国家联合研制的最顶尖武器。这种武器政策看似提高了印军武器装备的整体技术水平，但是武器装备配套、零部件的保障问题将可能成为制约印军武器技术水平发挥的瓶颈。

三、加大训练

人们在印度的阅兵式上经常看到印度士兵花架子式的表演。其实，印军在军事训练中还是下了很大功夫的。其一是加大了高原冰雪地的训练。印度不但组建了新的山地步兵师,还对这种步兵进行了高原冰雪地的训练，目的在于一方面提高这些士兵的素质,同时也强化士兵的冰雪地战术技能。这种训练包括高原炮兵演习，高原冰雪地士兵战术演习，也有步兵各兵种之间的联合演练。其二是加大沙漠地的演习训练。印度非常重视士兵在西部地区沙漠地作战技术的提高。2011 年，印军多次举行沙漠地军事演习。印军在 2011 年年底举行的大规模军事演习就是在西部拉贾斯坦邦沙漠地区进行的。其三是频繁举行海上联合军事演习。这种演习既有印度本国海军在印度洋地区举行的军事演习，也有印度海军与其他国家在印度洋举行的联合军事演习,同时也包括印度海军到印度洋之外海域进行的军事演习。印军士兵还通过远程投送到其他国家境内进行联合军事演习，印度士兵到美国本土与美军共同进行联合演习就是一个十分突出的例子。

四、大量举行实战演习

从印度军队的军事演习类型上看，印军以实战为背景的演习增多，演练或虚拟演习等正在减少。不管是反恐，还是以对手军队为假想敌而进行的军事演习，都是实战背景条件下的演习。从这点可以看出，印军演习的强度在加大，复杂程度在加大，贴近实战的演习已经成为印度军队的主要演习类型。从 2011 年年初的印度海军与法国海军联合在阿拉伯海举行联合军事演习为开端，到以 5 万之众进行代号为“苏达山·沙克蒂”军演收尾，印度一年内举行大大小小的军事演习数十起。这些演习的特点是以训练内容决定演习规模、演习条件和演习的复杂程度，紧紧地围绕着打赢现代战争为目标而展开。这些演习不仅提高了印军的作战能力，也增强了印军的威慑力。

第四节　多种措施威胁中国

印度一直认为中国是其潜在的威胁对手。印度独立后对中国采取进攻性军事政策，不断蚕食中国领土；中印两国边境冲突后，印度开始对中国采取防御性政策。这主要是因为在中印两国领土分歧问题上印度是占优势地位的，其要在保持既得利益的前提下不断蚕食中国的领土，并在边境地区力争取得军事优势。

一、对中国进行军事施压的力度不断增大

人们都知道，1962 年中印两国边境地区爆发冲突后，印度将东部地区军力发展的重点放在了平原作战的能力上。冷战后，尤其是进入 21 世纪后，印度日益将中国作为一个潜在性的对手，开始加大对中国的防范。随着印度国防投入的不断上升，印度开始将提高山地作战能力作为其东部地区军队作战能力提高的重点。对此，印度在其东部地区的军事布局给予了足够的重视，其主要特点是：

其一是部署先进武器装备。自“布拉莫斯”巡航导弹装备部队后，印度只组建了三个该类导弹团，并且这几个导弹团都部署在了印度的西部地区，以应对所谓的来自巴基斯坦的威胁。2011 年，印度突然组建了第四个“布拉莫斯”巡航导弹团。印度宣布，这个新组建的导弹团将部署在印度的东部地区，即所谓的“阿鲁纳恰尔邦”地区，也就是中国的藏南地区。这是印度首次部署针对中国的攻击性战术导弹。这表明，印度方面已将中国视为其军事打击的一个重要对手。

其二是大量向藏南地区增加兵力。近年来，印度不断增加与中国陆上边境相邻地区的兵力。这主要表现在两个方面，一方面不断扩大与中国边境相邻地区的兵力规模，如向藏南地区增加兵力，组建新的山地师等；另一方面是向靠近中国边境的地区增加武器装备的部署，如为了加大对实际控制线中国一侧的监视，印度方面在2011年特别增派了4架从以色列引进的无人机及10架轻型多用途直升机，到藏南地区靠近实际控制线印方一侧进行侦察。印度在2011年还向藏南地区部署了作战飞机等武器装备。此外，印度还计划在未来5年内招募10万名左右的新兵，部署到中印边界地区。这表明，印度增加藏南地区兵力的步伐是不会停止的。

其三是进一步完善后勤保障。近10多年来，印度军费以7%～8%的速度增长，其军费开支已经名列世界前十名。军费的增加使印度有能力对藏南地区的后勤保障体系进行完善。据印度媒体报道，印度计划在中印边境东段地区修建总长为600公里的公路网以及一条长达900公里从喜马拉雅山山脚直通印度腹地的铁路，以加强军队的机动性。此外，印度还计划在藏南地区修建3条战略性铁路，即阿萨姆邦米萨马里至达旺一线，阿萨姆邦北勒金布尔至阿鲁纳恰尔邦阿隆至阿萨姆邦西拉帕塔一线和阿萨姆邦莫孔瑟勒克至阿鲁纳恰尔邦巴昔卡至阿萨姆鲁比一线。一旦这三条铁路线完成，印度东部地区的后勤保障能力将会得到大幅提升。

其四是加大战场建设力度。为了配合增兵藏南地区的计划，印度政府还计划在藏南地区加强战场建设。根据印度内阁安全委员会批准的军事基础设施建设项目，藏南地区要建造5500多个永久性的防御工事和掩体，预计完成该计划的时间是4~5年。此外，印度正在“全面恢复”藏南地区的一些飞机场。如印度在11月就正式雇用了一个距离中印边界实际控制线只有23公里的机场，它能够降落作战飞机和运输机。实际上，印度在我国藏南地区的军事机动能力正在不断提高。

二、与日本联合共同遏制中国

2012 年 5 月，日本与印度两国外长在印度首都新德里达成协议，计划于本年度适当时间共同举行联合军事演习。这将是日印两国的军事力量第一次联合举行双边演习,同时也是两国合力实现其各自战略目的的开始。

一是以海上公开空间为突破口,扩展军事影响。自 2011 年 2 月美国《国家军事战略报告》中提出要重视其在公共空间的军事影响力后，日本和印度也随之加大了公共空间军事影响力的提高。从 2011 年至今日本和印度各自举行的军事演习来看，日印两国海上军事力量的演习占有相当大的比重,甚至超过半数以上的演习都是海上军事力量的演习。自冷战结束以来，日本和印度两国都非常重视海上军事力量的发展。从近年两国国防费用使用的情况来看，日印两国海上军事力量得到的投入越来越多。这为两国推动海上军事力量的发展奠定了基础。从实力上看，日印两国海上军事力量在亚太地区都位居前列。同时，日印两国加强了参与多边联合军事演习的力度。从太平洋和印度洋两地区举行的多边联合军事演习看，日本和印度基本都参与了历次两洋地区的多边军事演习。对此,日本和印度还嫌不够，这回两国再开双边海上联合军事演习之纪录。

日印首次联合海上军演以“保障海上交通安全”为核心，其目的是以海上公共空间为切入点，减少国际社会的反应，提升两国海上军事力量的密切关系，扩展两国海上力量的国际影响。日印两国双边军演之所以选择以海上力量开始，是因为海上力量的联合军演可以降低国际社会对两国军事关系密切的关注度。尤其是日本军事力量因宪法的约束，一方面还不能称其为军队而只能称为自卫队，另一方面其自卫队不能跨出国门采取进攻行动。然而，日本却以种种借口“放”自卫队在国际军事舞台上活动，期望扩大其军事影响。之前，日本自卫队基本上都是与美国军队共同举行双边演习。这次日本海上自卫队与印度海军共同举行双边军演，无疑会对日本扩大军事影响起到推动作用。同时，这也是实现日本军事“南下”的一个重要举措。就印度而言，印度与日本共同举行双边军演，还可以弱化其向西太平洋扩展军事影响的阻力。自冷战结束以来,印度大力推动“东向”政策。印度海军实现了在西太平洋影响的扩大，这也支持了其国家的“东向”政策。同时，印度扩大其海军在西太平洋的军事影响也实现了其“优势与扩展”军事战略的目的。

二是争取在美国构建亚太军事安全新格局中占据有利的地位。冷战时期，美国在亚太地区构建了一定的军事格局。当然，这种格局服从和服务于美国在欧洲构建的军事格局。因为欧洲地区是冷战时期美国的全球战略重心。随着美国全球战略重心向亚太方向调整，美国必将重构其亚太军事格局。在这种大势之下，日本与美国的军事联盟关系正发生着变化，印度与美国也正在建立一种新的军事关系。从目的上看，日本和印度都寻求在美国重构的亚太军事新格局中占据有利地位。日本和印度都在积极参与美国主导的双边军事演习，保持与美国的军事关系，同时还积极展示军事实力以获得美国的“重视”，期望在美国构建的亚太军事新格局中占据更重要的地位。这就是日本与印度两国除在美国的亚太安全战略框架下参与美国主导的多边联合军演外，还另立门户举行双边联合军演的目的之一。目前，日美军事关系正由冷战时的主仆关系向兄弟伙伴关系转化。据有关国际组织分析，明年美国将取代俄罗斯成为印度武器第一输入国。这就充分表明，印度在对外军事关系的构建中也正由印俄关系占主导地位向着印美关系占主导地位转化。日本和印度都期望通过军事演习来提高各自的“身价”和“权重”。

三是为实现成为联合国安全理事会常任理事国这一目标而造势。日本和印度多年来都在为争取成为联合国安理会常任理事国而努力，但一直没有成功。日印两国都认为，其军事国际影响的有限性是实现这种国家战略目标的短板。对此，日印两国都非常重视各自国家军事国际影响的提高。这是日本突破“武器出口三原则”、印度摘取全球武器进口第一国“桂冠”的背后动因之一。与此同时，日印还十分重视军事上的合作，以联手推动两国军事的国际影响。就这次日印两国双边海上力量军演而言，日印两国政府做了认真的准备。2011 年 11 月，日本防卫相与印度国防部长达成这次两国海上军事力量举行双边联合演习的协议。接着于 2011 年 12 月，日本首相与印度总理又对这次演习给予了肯定。随后日本和印度两国外长又对这次双边海上力量联合军演进行了落实。日印高层间三次“切磋”透露出两国对这次演习是非常重视的。日印两国都想在这次没有美国参与下进行的双边联合军演中演出各自的军事“肌肉”，塑造军事大国的形象。

第五节　武器装备“特色”发展对我威胁日益增加

进入新世纪后，印度一直重视提高军队武器装备的技术水平。经过 10 余年的努力，通过走自主研发和引进相结合的武器研发之路以及不断列装新式武器装备，印度军队武器的整体水平或将进入跃升阶段，印度的军力或将出现跳跃性发展。从总体上看，印度武器发展的特点突出表现在五大方面：

一、自研武器进入大面积“收获期”

印度自独立后非常重视国防科研事业的发展，国防科研领域不断扩大，研究能力不断提高。自 1981 年成立隶属于国防部的国防研究与发展局后，印度的国防研究进入了加速发展阶段。尤其是 1983 年初，印度又制订了包括地地战术导弹、地空导弹、反坦克导弹和中程弹道导弹在内的“综合导弹发展计划”后，其先进武器的研制工作进入了系统和全面发展的新阶段。在 20 世纪 80 年代左右，印度也开始了其他武器装备的自研工作，如 1974 年开始研发“阿琼”坦克、1978 年开始研发 LCA 飞机等。通过近 30 年的不懈发展，印度在军事技术、武器材料和制造工艺等方面都日益成熟，不断收获新的科研成果。如印度从“大地”近程导弹到“烈火”中程导弹都已成系列，“阿琼”坦克和LCA飞机等都已定型，同时还开始启动自制航母和核潜艇等项目。当今世界，能够自制航母的国家并不多，印度却是亚太地区第一个自制航母的发展中国家，这说明印度的军事技术已经达到了相当高的水平。由此可见，印度自主研发武器已跨出了准备阶段，其自研武器将迎来大面积收获季节。

二、与发达国家武器的技术差正加速缩小

为了提高武器装备的技术水平，印度十分重视引进其他先进国家的武器与技术。几十年来，印度采取了购买、租赁和合作研发等形式来缩小与世界先进国家的武器技术水平。印度在购买国外先进武器上确实下了很大本钱。据世界军贸分析中心初步统计，印度在2011年投入66.1亿美元进口武器装备，占当年全球武器进口额的9.4%，位居104个被统计的国家之首。同时，据斯德哥尔摩国际和平研究所发布的报告称，根据2007年至2011年的数据，印度已经成为世界上武器进口第一大国。期间，印度大型武器进口量占全球总进口量的10%。可见，印度在购买先进武器上是下了多么大的功夫。其中，印度花费几十亿美元从俄罗斯购入“戈尔什尼科夫”海军上将号航母是最大的一笔单项交易。同时，印度还通过租赁形式来引入先进武器。为了加速构建三位一体核力量，印度花费巨资从俄罗斯租来“海豹”号攻击型核潜艇。2012年4月4日，该潜艇已经落户印度海军基地。此外，印度还非常重视与其他国家进行武器的联合研制。印度与俄罗斯合作研制“布拉莫斯”巡航导弹就是最为典型的例子。目前，该型导弹已成为印度三军追捧的“明星”。

三、国防费用分配上不断增大武器投入的份额

自独立以来，印度国防经费随着国家发展战略、国防政策和周边安全

环境的变化而增减。1998 年 3 月，以印度人民党为首的联合政府上台执政，极力推行争当世界军事强国的军事战略，在发展经济的同时优先发展国防。在连续 5 次核爆炸后印度国防投入开始急剧上升，表现为增加幅度大，规模也有所扩大。至今，印度的国防投入增长是南亚地区增长最快的。2011 年，印度的国防投入比前一年增长 12%。2012 年，印度的国防投入继续保持 17%的增长。与此同时，印度在国防投入上给予武器装备的份额也是很大的。从 2008、2009、2010 和 2011 连续四个财年来看，印度每个财年大约花费了军费岁入的 35%用于装备上，其中很大一部分用于从国外进口军火。印度国防经费的分配主要分为五大项，即陆军经费、海军经费、空军经费、国防生产与供应经费和国防研究与发展经费。由于印度三军各自独立，印度三个军种以及国防生产与供应经费的部分都可用于购买武器装备。可见，印度每个财年用于武器装备上的投入是非常大的。这种财力上的支持使印度武器的研发费用得到保障，同时还使武器装备的进口得到了充足的经费保障。2012 年 3 月 16 日，印度财政部长宣布，印度 2013 年军费支出将增加至 400 亿美元，“这种拨款是基于目前的需求，并将满足未来所有的要求”。这种国防投入对印度武器装备技术水平的整体提高将起到刺激作用。

四、有利的国际环境推动先进武器的进口

冷战时期，印度主要从苏联进口武器装备，其进口的武器装备约有 70% ~ 80%来自苏联。冷战后，俄罗斯成为印度武器装备的主要进口国。2008 年至 2011 年，印度从俄罗斯进口的武器装备价值达 71.6 亿美元，仍占印度武器进口额的 51.6%。2011 年，印度武器装备的进口交易仍有 80%来自俄罗斯。由于国际环境向着有利于印度的方向发展，印度开始转向除俄罗斯以外的其他国家进口武器装备，并加大了从这些国家进口武器装备的力度。据分析，2012 ~ 2015 年间，印度武器装备进口交易额将达

400 多亿美元，其中从俄罗斯进口的武器装备总额将占 36%。然而，美国极可能继俄罗斯之后成为印度武器进口的第一进口国，这将使印度武器进口格局翻开新的一页。美国对印度加大武器装备的出口力度后，西方国家也会随之增加对印度的武器装备出口，印度进口武器装备将处于更加有利的态势。可想而知，印度进口武器装备第一大国的位子是不易撼动的。

五、先进武器列装部队的种类正在扩大

印度不仅加大资金投入来研发武器装备和引进武器装备，还不断列装新式武器装备。随着“阿琼”坦克和 LCA 飞机等常规武器列装部队，“大地”导弹、“烈火”导弹和“布拉莫斯”巡航导弹等核导弹型武器也相继在试验定型后列装部队。不久前，印度从俄罗斯租赁来的首艘核潜艇开始服役。据悉，印度 2013 年还将从俄罗斯购来的“戈尔什尼科夫”海军上将号航母列装部队。随着印度引进武器装备订单的兑现，印军列装新式武器装备的密度会不断加大。

印度如此发展武器装备，其动因或背后的图谋是什么呢？

首先，树立大国形象。自印度开国总理尼赫鲁提出“印度要在世界上做一个‘有声有色’的大国”这一国家战略目标后，印度多位政治家为之孜孜不倦地追求着、奋斗着。冷战后，印度将这一目标具体化，那就是要成为联合国安理会常任理事国。可是，印度的这一努力并不顺利，遇到了各种阻力。对此，印度使出浑身解数来消除这些不利因素。树立印度大国形象是首先要做的一项工作。最初，印度在向联合国安理会常任理事国俱乐部挤的时候，自己没有信心，而是拉上其他三个国家一同冲刺，但目的并没有实现。这种拉帮结伙之策反而给印度帮了倒忙。一方面给人们的印象是印度并不具备联合国安理会常任理事国所拥有的影响国际问题的能力和大国风范。如果印度具备了这种能力和风范，就不会拉上其他国家冲刺了。面对频频失败，印度开始改弦易辙，努力树立世界大国形象。争取成

为世界上的军事大国是其采取的重要步骤之一。另一方面印度给人们的印象是还没有在南亚地区真正确立起大国形象，还没有冲出南亚走向世界。印度独立后，在南亚地区纵横捭阖，经过第三次印巴战争，基本上取得了南亚地区的霸主地位。印度满怀激情向世界大国冲刺之时，想出用核爆炸来巩固其南亚霸主地位并借此走向世界舞台，可偏偏其邻国巴基斯坦也爆炸了核武器。巴基斯坦试爆核武器使印度的地区大国地位受到了矮化。这是印度没有想到的。两国核武器的爆炸，使印度作为南亚地区霸主的战略格局翻盘，巴基斯坦与印度在战略上获得平衡。因为巴基斯坦及南亚其他国家在经济上无力与印度竞争，印度便在常规武器领域寻求突破口，以便打破这种平衡重铸印度的地区大国形象。随着印度不断大量引进国际上各种先进的常规武器，印度常规军事力量将会如其期望的那样在南亚地区遥遥领先。如果印度继续保持世界进口武器第一的地位，印度常规军事力量的崛升是毫无疑问的。印度正向世界军事大国迈进，离世界军事大国的目标为期不远矣。

其次，强化与具有国际影响力的国家之间的关系。为了成为世界大国，需要改善目前的国际环境，印度采取的做法之一就是通过军火关系来加强与其他国家的关系。人们可以从印度军火进口国的选择上看出这一点。印度的做法：1. 选择那些在国际舞台上有重要影响力的国家采购军火。如印度武器进口的主要对象国有美国、俄罗斯、法国、英国和以色列等国家。可以说，印度在选择购买武器的对象国时，将除中国外的其他联合国安理会常任理事国都纳入了采购群。这在很大程度上加强了其与具有国际影响的大国的关系。印度进口那么多先进武器，国际上并没有出现“印度威胁论”就是一例。不能不说国际社会也是戴着有色眼镜说话的，国际舆论的主导权还是掌握在西方势力手中。2. 印度通过采购武器种类和数量的分配数额来培养有关国家对印度的亲密度。在军火采购时，印度不是一股脑地将其计划采购军火的种类和数量向外界宣布的，而是一点儿一点儿地对外宣布，以图吸引住有关国家，始终与印度保持密切关系。在具体采购时，印度也在分配数量上费尽心机，如在美国和俄罗斯的分配上，既要掌握分配的时机，也要在数额多少问题上让每个国家都满意，并达到使这些国家都能够与印度保持亲密关系的目的。目前看,印度的这一招是成功的。不管美国、俄罗斯还是欧盟等国家和组织，都对印度表现出了好感。

最后，加快缩小与先进国家的武器技术水平。可以说，印度对自主研发武器装备是十分重视的。独立后，印度的国防科研事业不断发展，组织领导体制逐步完善，科研领域不断扩大，研究能力也不断提高，基本上形成了以国防部科研部门为主导，其他地方部门协作参与的国防科研体制。可是，印度自主研发武器装备的水平还是十分有限的，这让国际的同行们有点儿瞧不起。如印度自主研发的“阿琼”坦克、LCA 战斗机等就出了不少笑话。“阿琼”坦克是 1974 年开始自主研发的，目的是使其性能与美国的 M1A1、俄罗斯的 T-90 等世界上先进的主战坦克相媲美。可是，印度军方曾在 20 世纪 90 年代中期试验该型坦克时做出“不适宜战场需要”的认定。随后印度有关方面不断做出改进，至今这种坦克也没有达到预期的目标。LCA 飞机更是有负众望。目前，这种飞机已经列装印度军队。但是，这种飞机在印度各军兵种飞行训练时频频出现事故，有的甚至还弄得机毁人亡。面对如此窘境，印度方面决心下大力气加快缩小与先进国家武器装备的差距。印度在这方面确实下了很大的功夫。一方面，印度直接从国际市场购买先进武器装备，然后消化吸收；另一方面，印度加大了与其他国家共同研发武器装备的力度。如印度与俄罗斯共同研发“布拉莫斯”巡航导弹就是一个非常成功的例子。通过这种研发，印度掌握了先进的技术，促进了印度武器装备整体技术水平的提高。

印度大力提升武器装备水平的力度不会减弱。印度追求其战略企图的步伐不会停止，印度成为军事大国乃至军事强国的日期也不会太远！

第六节　正确看待1962年中印边境冲突

2012 年是中印边境冲突 50 周年。这场边境地区的局部战争对中印两国的军事关系、各自的军事发展都产生了影响，尤其是对印度的影响更值得我们的关注。

近年来，印度在中印边境地区频频调整兵力部署，增加兵力，投入巨资加强战场建设，以保持对中国的优势军事威慑。同时，印度某些军政要人从战略上把中国视为潜在对手，不时鼓动在边界地区采取一些刺激性措施并煽动反华情绪。印度方面的这种军事举动和思维使中印边界地区安全形势不时出现紧张。导致这种状况的因素很多，1962 年中印边界冲突或为其中的一个重要因素。

实际上，中印边界的这场冲突之所以发生，与印度方面高层人员的思维、印军战前的激进做法、中国的特殊国情以及当时的国际环境等因素有着直接关系。主要表现为这样几个方面：

首先,英印扩张政策和旧中国的“有边无防”导致中印边界领土分歧。历史上，中印两国之间从来没有划定过边界线。20 世纪开始，英印殖民军开始不断向中国西部和西南部扩张。这时的中国清政府正处于风雨飘摇之际，无力对边境地区实施有力的控制。英国策动西藏地方政府制造所谓“独立”，并私下标出所谓的“麦克马洪线”。对于此线，中华民国政府很长时间内都不知晓。从国际法的角度讲，这种一个国家的地方政府同其他国家达成的所谓边界协定，是完全非法的。二战时，英印殖民军趁机越过中印传统习惯线向北实施军事占领。印度独立时，“麦克马洪线”与中印传统习惯线之间的大部分地区被英印军队占领。此时，中华民国政府忙于抗日，藏南地区基本上是军队“无暇顾及”的地区，处于“有国无防”的状态。印度独立后，英国的这一殖民侵略成果被独立的印度所继承。中印边界领土分歧就此出现。

其次，印度开国领导人承继英印殖民扩张思维，西藏继续被印度视为“缓冲区”。印度独立后，尼赫鲁及其领导的政府在对外政策上仍然奉行英印殖民政权的方针与原则。基于“实行把西藏变为缓冲区的政策不仅是地缘政治学的规定而且是保持印度安全的最经济的办法”这种认识，当时的尼赫鲁政府认为，只有在继承的基础上尽快扩大英印殖民时期在西藏夺取的特殊权利，才能够使印度获得最大的战略利益。尼赫鲁政府一面极力阻挠中国和平解放西藏的行动与进程，一方面扩大其对西藏的影响。在中国如何对待西藏的问题上，印度政府还多方施加阻力，谋求在中国与印度之间的藏族聚居区形成一个以文化、宗教为纽带的政治实体，把西藏变成印度影响与控制下的中印间的缓冲国。这是中印边界问题出现的政治与战略因素。

再次，印度方面存在着战略判断的“失误”。就中国方面而言，新中国的中央政府对解决“西藏问题”是十分重视的。1950 年 10 月，中国开始了抗美援朝战争，中国人民解放军也开始了进藏行动。这时，印军也加大了在“麦克马洪线”之南的行动力度。1951 年 2 月，印度在中印边界东段继续向北推进，占领了“麦克马洪线”以南的重镇在达旺，驱逐了当地的西藏地方行政机构。西藏地方政府当时对此提出了抗议，而印度政府对此置之不理。1953 年,印度将其控制线全面推进到“麦克马洪线”。此时，中国人民解放军只有一万多部队刚刚进入西藏，公路未修通，无法向边境多数地段推进。对印度在“麦克马洪线”以南的所为，中国方面此时还不太了解。据此，印度方面认为，中国是可以欺负的，是无力对印军反击的。结果，印度方面继续向所谓的“麦克马洪线”以北地区推进，以图将中印边界东段的实际控制线全线扩展到喜马拉雅山山脊线。此后，印度不断干预中国中央政府在西藏采取的一系列政策。1961 年 12 月 12 日，印度出兵葡萄牙在南亚的殖民地果阿及另外两块葡属印度地区达曼和第乌，经过 26 个小时的战斗后，解决了果阿这块殖民地遗留的问题。在收回葡萄牙两块殖民地的问题上，印度也以武力迅速解决了。这使印度有了以武力解决与中国边界分歧的信心。于是印度便不断在“麦克马洪线”以北的中国领土大量构筑哨所。印度军队的这种举动激化了中印边界的紧张形势。

再次，中国方面抓住战机适时反击。如果说英印殖民引起的边界分歧还可以谈判的话，印度不断跨过所谓的“麦克马洪线”继续向中国要求领土，这是中国无法接受的。因为与苏联关系的恶化以及三年自然灾害等问题，中国综合国力下降，所以更不愿意看到与印度在边界问题上出现军事问题的激化。但是，印度方面一而再再而三地在所谓的“麦克马洪线”以北地区构筑哨所，刺激中国可以忍受的战略底线。这时，美国与苏联正陷于古巴导弹危机,中国便抓住这个有利的国际机遇反击了印度的军事进攻。

最后，传统思维仍然在作怪。根据中国的和平外交政策和解决历史遗留边界问题的一贯立场，中国政府一直坚持中印边界问题应在互谅互让的基础上通过谈判求得公平合理的解决。印度方面一味地通过武力单方面改变边界现状，这使中国方面不得不采取军事反击。冲突结束后，中国主动撤军，并送回印军的被俘人员及武器。这足以表明中国政府希望以和平谈判解决边界问题而反对以武力改变边界现状的一贯立场。此后，中国方面在西藏地区的任何军事活动都被印度看作是一种威胁。印度现在的国防部长安东尼仍然认为，中国正在“富有侵略性”地加强在西藏地区的军事力量。不难看出，印度方面仍然有传统的思维在作怪，认为仍可以通过武力改变中印边界现状。印度方面的这种思维对于维护中印边界地区的稳定是十分不利的。

第四章　俄罗斯军事部署

2012 年 3 月，时为俄罗斯总统的梅德韦杰夫表示，俄罗斯武装力量持续数年的改革基本结束，改革的主要目标已经实现。俄罗斯军队将以一个崭新的面貌出现。今后，俄军逐渐将其重点放在武器装备的大规模更新换代上，以进一步提高战斗力。5 月 7 日，俄罗斯新总统普京就职的当日签署总统令，要求 2020 年前俄武装力量及其他军事机构所装备的现代化武器份额上升到 70%。这表明，俄罗斯军力在未来几年内将会出现一个大幅跃升的趋势。俄罗斯作为我国北方的一个邻国，其军力如此发展，我们也是不能不关注的。

第一节　俄罗斯军事进入高速发展期

2012 年，对于绝大多数俄罗斯人特别是俄罗斯军人而言，是非常重要的一年。5 月 7 日，普京再一次宣誓就任总统，任期 6 年。这位俄罗斯政坛铁腕人物再次成为总统，意味着俄罗斯将加快重振雄风的步伐，俄罗斯军事实力的提高将进入快车道！

实际上，普京是临危受命带领俄罗斯走上重振雄风之路的。1999 年 12 月 31 日，时为俄罗斯第一任总统的叶利钦突然宣布任命时为政府副总理的普京为俄罗斯代总统。这为普京正式成为俄罗斯总统创造了条件。果然，他不负叶利钦的重托，在 2000 年大选中获胜，并于同年 5 月 7 日宣誓成为总统。2004 年 5 月 7 日，普京再次宣誓连任总统。在普京任总统的这 8 年里，他对提高俄罗斯军力给予了极大的重视。2008 年，俄罗斯军队前出到美国的后院加勒比海地区与委内瑞拉军队进行实弹联合军演，一洗 1962 年苏联在古巴导弹危机时受到的羞辱。这不能不说是俄罗斯军力在普京的重视下有了提高，这是 20 世纪 90 年代的俄罗斯军力所无法相比的。在梅德韦杰夫任总统的 4 年时间里，虽然普京任总理，梅氏仍然推动普京的强军思想，使俄罗斯军队的实力进一步增强。这回普京重返总统大位，俄罗斯军力的发展又翻开了新的一页。

一、推动俄罗斯军事改革进程继续进行下去，实现强军目标

俄罗斯是 1991 年 12 月 25 日苏联解体后独立出来的一个国家，是苏联的继承国。俄罗斯独立时接管了苏联的绝大部分军事遗产，接管的军队数量达 282 万之巨。1992 年 3 月 12 日，俄罗斯国防部成立，标志着俄罗斯军队的正式组建，建立了由陆军、海军、空军、防空军和战略火箭军五大军种构成的军队。

为了适应形势发展的需要，俄罗斯军队组建后即进入了不断调整的阶段。1993 年 11 月，俄罗斯当时的总统叶利钦批准了《俄罗斯联邦军事学说基本原则》，提出“合理够用”的原则，并首次赋予军队参与国内政治生活的职能。由于推行亲西方的政策，俄军实力不断下降。1994 年，俄罗斯联邦军队对南部地区的车臣共和国内的恐怖分子进行军事打击。结果，战争暴露了俄军的许多弱点，这些弱点表明俄军在很多方面已经不适应现代战争的需要了。经过认真筹划，俄罗斯于 1997 年 12 月公布了《国家安全构想》。同年，俄罗斯又将军事航天部队和防空军的导弹太空防御部队正式并入战略火箭军。1998 年，俄罗斯全面进行军事改革。空军与防空军合并组成新的空军。俄军从五大军种改成四大军种，即陆军、海军、空军和战略火箭军。至 1999 年 1 月，俄军总体规模已缩至 120 万人。总体看，叶利钦还是对俄军改革做出了一定尝试的，但不够理想，并没有提高俄军的实力。这可从北约空袭南联盟时俄军无所作为得到印证。

2000 年 1 月，代总统普京签署了新的《国家安全构想》。2001 年 1 月，总统普京签署了新的《俄罗斯军事学说》，为俄罗斯的改革指明了方向。俄罗斯军事改革开始加大力度。2001 年 6 月，战略火箭军降格为战略火箭兵，原战略火箭军的军事航天部队与导弹太空防御部队组建成一个新的兵种，即太空兵。至此，俄军形成了三个军种、三个独立兵种的军兵种结构。这种结构将是未来一个时期里俄军军兵种的基本结构。

军兵种结构调整的同时，俄罗斯还调整了军队的指挥体系。俄军将 8 个军区先是减至 6 个军区，后又减至 4 个军区。目前，俄罗斯还在进一步调整指挥结构。经过改革，俄罗斯军队军事指挥体系已成为“军区—军—师—团”这样一个流程。2012 年底，俄军指挥体系完成后，指挥流程将是“军区—作战司令部—旅”。

俄罗斯军事改革时还特别重视军队规模问题。俄军提出，其改革的目标：一是军队规模与体制要满足现代战争的需要。俄认为，对当今存在的局部武装冲突而言，师的编制太大了。二是优化指挥控制系统，消除那些臃肿部分。到 2012 年底，俄罗斯军队的人员规模计划缩减到 100 万，同时建立一支专业性的非战斗部队，该部队的指挥与控制将具有极高的效率。其改革将实现的具体目标数字为：总体人员减少 16.6%，从 120 万减少到 100 万，其中军官减少 57.7%，从现在的 355000 人减至 150000 人。在削减军官部分的各成分中，尉官减少 56%，90000 人减少至 40000 人；少校减少 75%，从 99550 人减至 25000 人；上校减少 64.5%，从 25665 人减至 9114 人；将军减少 20.8%，人数从 1107 人减至 877 人。各军兵种缩减的规模是：地面部队减少 90%，从 1890 个单位减至 172 个单位；空军减少 48%，从 340 个单位减至 180 个单位；海军减少 49%，从 240 个单位减至 123 个单位；战略导弹兵减少 33%，从 12 个单位减至 8 个单位；太空兵减少 15%，从 12 个单位减至 8 个单位；空降兵减少 17%，从 6 个单位减至 5 个单位。就建制单位而言，师的规模是 8000 ~ 14000 人，构成是旅、团、营、连，最高指挥官是少将；旅的规模是 4500 ~ 6500 人，构成是营、连，最高指挥官是上校。

以上数字的大部分还是计划中将要实现的。普京成为新一任总统后，要迎接的军事改革任务还是十分艰巨的。这一目标能否完成是普京需要面临的一个严峻问题。从普京对俄军事改革的重视来看，普京成为新一任总统后会坚决推进俄军改革，俄军改革具体目标实现的可能性还是很大的，并不是某种幻想。

二、加大对军队的投入，加快军队战斗力的提高

自彼得大帝开始，俄罗斯就非常重视军力，追求军事强国已成了俄罗斯的传统目标。冷战时期，苏联实现了世界军力第二的目标，与美国进行了长达近半个世纪的军事博弈。

俄罗斯从苏联独立出来后，军力远不及苏联。这使俄罗斯民族在国际舞台上没有了尊严：北约空袭南联盟时无力应对；北约东扩时无力回击，

只能说说空洞的威慑口号而已；多国部队打击利比亚时也只能承认现实；叙利亚问题上又不得不摇摆不定……这一切都刺激着俄罗斯民族的神经。所以，自普京成为俄罗斯代总统时就开始下大气力提升军力。据斯德哥尔摩国际和平研究所统计，从2000年至2006年，俄军费就增加了数倍，从2007年后多次给军队增加额外的拨款。2010年12月，普京宣布未来10年内政府将投入6800多亿美元采购军备，提高俄军的战斗力。2011年12月，俄罗斯副总理伊万诺夫又宣布，2012年俄罗斯将投入约300亿美元为俄罗斯军队提供武器和军事装备，这个数字比2011年增长了17%。伊万诺夫还说，在2014年前，俄罗斯将投入约1200亿美元用于购买先进的武器装备，其中约60%是用于购买先进武器的。从这些数字中可以看出，俄罗斯准备花大气力来提高军力。就在2012年3月俄罗斯大选前，普京还承诺，在未来10年内俄将投入7500亿美元购买先进的武器装备，其中包括400枚陆基洲际弹道导弹和潜射导弹、8艘弹道导弹核潜艇、20多艘多用途潜艇、50艘水平战舰、100多架航天器、600架作战飞机、1000多架直升机、28套S-400导弹拦截系统、2300多辆主战坦克和2000多门新型火炮等。一个个关于给军队拨款的数字和一个个购买武器装备的数字，无不折射出俄罗斯军力在未来一个时期将出现跃升的可能性越来越大。普京就任新一任总统后，将会推动对军队的财力投入。这是毋庸置疑的。

三、加强与其他国家的军事关系

如同其他国家一样，俄罗斯在国际军事舞台上的活动也要观察着美国的举动。作为唯一超级大国的美国，正在进行全球战略重心的转移，全球军事部署的调整、亚太地区军事新布局的构建等，这些都将影响俄罗斯对外军事关系的发展变化。

就国际环境而言，俄罗斯面临着巨大的安全压力。北约在欧洲地区的东扩基本将俄罗斯的战略空间挤得没有“真空”。因为美国战略重心的东移，俄罗斯亚洲地区的安全又受到美国的威胁。对于这一点，不管普京任总理还是任总统，都是不能视而不见的。为了摆脱安全上的不利局面，普京就任总统后将通过加强与其他国家军事关系的手法来改善其安全环境。

首先，进一步加强同南亚地区印度的军事关系。自 20 世纪 70 年代初以来，苏联与印度就建立了密切的军事关系。俄罗斯成为独立国家后仍然重视与印度的军事关系。俄罗斯与印度的军事“友好”关系表现在几个方面：

1. 俄罗斯给印度提供武器装备。目前，印度各军种武器的绝大部分都是俄罗斯提供的。2012 年底，俄罗斯将向印度交付其购买的“戈尔什尼克夫”海军上将号航空母舰。同时，俄罗斯还不断与印度签署有关出售给印度先进武器装备的合同，印度是俄罗斯武器出口的最大买家。

2. 俄罗斯向印度提供生产武器装备的技术。2011 年，印度总理访问俄罗斯之际，两国之间签署了协议，俄罗斯答应向印度转让一系列有关先进武器装备的生产技术。这对其他国家来说似乎是不可想象的。

3. 俄罗斯与印度共同研制武器装备。俄罗斯与印度之间不仅限于军火交易，还共同研发新型武器装备。如“布拉莫斯”巡航导弹就是两国共同研发武器最成功的一个例子。俄印两国自 2001 年开始启动耗资数百万元共同研发“布拉莫斯”巡航导弹这个项目。这种导弹可从潜艇、舰船、飞机和陆地发射，是世界上最先进的导弹之一。目前，俄印两国都已经装备了这种导弹。俄印两国之间的军事关系已从买卖关系发展到了共同研发新军事技术的合作关系。随着普京就任新总统，俄印两国的这种关系必将加强，因为共同研发武器装备是普京在总统任上时开创的俄印两国合作的新领域。

4. 俄罗斯出口的武器装备授权让印度提供维修所需的零部件。越南也是俄罗斯武器出口对象国。几年来，越南从俄罗斯进口的武器装备数量不断增加。随着印度与越南关系的不断加强，印度已经得到俄罗斯的支持，为越南提供俄制武器装备维修需要的零部件。此外，印度正争取获得为独联体某些国家的俄制武器维修需要提供零部件的权利。普京成为新总统后，俄印在这方面的合作也可能出现新的突破。

其次，大力提高与越南的军事关系。冷战时期，苏联与越南建立了密切的军事关系。苏联在越南金兰湾的军事基地保持着军事存在，直至1990年苏联军队从该基地撤出。俄罗斯成为独立国家后，俄越之间的关系与苏越关系相比是大大地下降了。2002年，俄罗斯从越南撤出了仅有的一点儿军事存在。2009年俄越开始探讨建立战略伙伴关系。与此同时，俄罗斯给越南提供了先进的苏-30战斗机，俄越军事关系开始重新加强。随着美国战略重心从欧洲向亚太方向调整，俄罗斯将会更加重视越南的战略价值。普京正式成为总统后，极可能会加强与越南的军事关系。越南的金兰湾军事基地如何使用将会是俄罗斯与越南在军事领域合作的一个双方都关心的问题。因为越南在金兰湾军事基地这个问题上，设想通过租的形式对外开放合作。如果美国长期租用金兰湾军事基地，这对俄罗斯的安全利益是十分不利的。

最后，调整与中国的战略关系，充分利用中国来改善其安全环境。随着美国全球战略重心从欧洲向亚太方向转移，俄罗斯和中国都将面临来自美国的军事压力。这将推动俄罗斯加强与中国的军事战略关系。可以设想，随着普京就任总统，俄中军事关系可能会加强。这主要是因为：随着俄军力的提高，普京将会推行一种对美强硬的政策。由于美国在亚太方向对俄罗斯军事压力的增大，俄罗斯将受到美国从欧洲和亚太两个方面对其施加的压力。这是俄罗斯最不愿意看到的局面。对此，俄罗斯必将采取反制措施，其采取的手段就是联合中国抗衡美国。所以，普京上台后，俄中军事关系极可能会得到加强。

第二节　俄罗斯核力量具有强大的威慑力

当今世界，俄罗斯仍然是能够在核力量上与美国相抗衡的国家。其核力量的发展走向值得关注。

一、俄现行的核政策

核威慑政策，主要是指俄罗斯国家及其决策者宣布的有关核威慑的政策、原则及策略等。

2010 年 2 月 5 日，俄总统梅德韦杰夫签署总统令，正式批准了新版的《俄罗斯联邦武装力量军事学说》和《2020 年俄罗斯国家核政策纲要》等政策性文件。从这些文件中，可以看出，俄核政策的主要内容是：

1. 坚持进攻性核原则（首先使用原则）。在敌人使用常规武器威胁到俄罗斯及其盟友“主权和国家存在时”，首先使用核武器进行打击。

2. 坚持核反击原则。对任何利用大规模杀伤性武器对俄罗斯及其盟国进行攻击的敌人，使用核武器进行回击。

3. 坚持核安全原则。“避免核冲突”仍是俄罗斯的重要安全原则。

4. 坚持核遏制政策。核遏制潜力保持在足够的水平；核遏制能力要保持在规定的水平。

5. 稳定原则。利用核手段保持战略稳定。

6. 核保护原则。俄罗斯为集体安全组织成员国提供核保护。

7. 遵守限制和削减进攻性战略武器条约。

8. 与参与反对核武器扩散的国家及国际组织保持平等关系。

二、俄罗斯现行核战略

俄罗斯核战略是其维护大国地位的支柱。经过几年来的调整，基本趋于定型。其主要内容是：

（一）核形势判断

俄罗斯认为，大规模杀伤性武器、导弹及导弹工艺的扩散，使拥有核武器的国家数量增多；个别国家违反国际协议，同时不遵守早期签署的限制和削减武器的国际条约；国际恐怖主义也在迅速蔓延，这些因素使俄面临严重的核威胁。俄罗斯还认为，核武器是防止核军事冲突的重要因素，也是防止使用常规兵器的军事冲突的重要因素。同时，俄罗斯还认为，如果使用常规兵器的军事冲突使国家生存受到威胁时，拥有核武器可能会使这种冲突转变为核军事冲突。俄罗斯认为，随着核武器的扩散，世界安全形势仍然受到严重威胁。

（二）核威胁判断

俄罗斯认为，目前仍然面临核战争的威胁，虽然世界上爆发大规模战争的可能性在降低，但有些地区还可能爆发冲突，从而导致常规武器战争乃至核武器战争的发生。同时，俄罗斯还认为，有的大国仍然没有放弃首先使用核武器的权利，俄仍然有受到核打击的威胁。

（三）核战略目标

俄罗斯认为，随着俄安全受到的威胁多样化，俄核力量威慑的目标也应该多元化。所以，俄认为，其核力量威慑的主要目标是美国及北约，同时还要针对恐怖主义及大规模杀伤性武器扩散实施核威慑。俄罗斯仍然坚持核打击的目标，既包括有核国家，也包括无核国家。

（四）核战略指导

使俄罗斯的核力量保持在一定水平上，在俄罗斯及其盟国遭受核战争和大规模常规战争时得到保障，能够遏制这种战争，在必要时可对实施侵略的国家进行核打击，使其遭受无法承受的毁伤。

（五）核力量建设方针

保持“三位一体”的核力量，并使之协调发展。“三位一体”核力量的组成按其性能分为：战略火箭兵机动发射和固定发射的导弹系统，海上战略核力量的战略导弹潜艇以及空军战略核力量的战略轰炸机。“三位一体”战略核力量的各组成部分要保持技术水平不断提高和良好的工作状态。

（六）指挥体制

核武器的使用最高决策权归总统所有。

三、俄战略核力量建设与发展规划

俄罗斯战略核力量建设的总体思路是使战略核武器不断现代化，加强装备的维护，确保核力量处于战斗状态。俄罗斯战略核力量包括战略进攻力量和战略防御力量。战略进攻力量包括战略核力量和非战略核力量。战略核力量包括陆基战略核力量、海基战略核力量和空基战略核力量；非战略核力量包括双重任务部队——空军的战略与远程轰炸机兵团和部队，海军携带远程常规高精武器的潜艇、水面舰艇和海军导弹航空兵。战略防御力量包括导弹袭击预警、太空监视、反导防御和太空防御兵力与兵器。

（一）核力量建设

1．2011 ~ 2015 年的建设构想

为了克服潜在敌人的有效反导系统，提高战略核力量的能力，使之达到保证给予指定毁伤的水平；完成战略和非战略核力量先进指挥系统的建立；保障武装力量、其他军队、部队和机关的装备程度达到以下水平：战略核力量装备程度 100%，其中现代化武器、军事和特种技术装备所占份额不少于 50%。

2．2016 ~ 2020 年的建设构想

为了克服潜在敌人的有效反导系统，计划使战略核力量保持足够的水平，即为保证给予指定毁伤所需要的水平。

（二）俄战略核力量武器系统的发展前景

俄进一步发展战略核力量的主要原则是：保障战略核力量使用的多方案性，及其对各种军事、政治和经济条件的适应性。

1. 保持和发展战略核力量的战斗准备

2011 ~ 2015 年间，建造第四代战略导弹潜艇；部署“白杨 –M”战略导弹综合系统，以替换现有导弹综合系统；在 2016 ~ 2020 年间，完成为海上战略核力量更换第四代战略导弹潜艇的工作；开展建造远程航空兵有发展前途的航空综合系统工作。

2. 俄战略核力量总体思路

各种部署与各种功用的突击系统保持“三位一体”的组成，并使之协调发展，“三位一体”的组成按其基本战术技术性能可分为：战略火箭兵机动和固定式导弹综合系统；海上战略核力量战略导弹潜艇；空军战略核力量战略轰炸机；为战略核力量地面组成更换一个型号的带有各种战斗装备方案的导弹综合系统；为海上战略核力量更换第四代战略导弹潜艇和有发展前途的舰载战略导弹综合系统；建造有发展前途的空基巡航导弹，以装备现有战略轰炸机；建造新型导弹综合系统的战斗装备，包括多功能导弹综合系统，以及具有克服反导防御超级能力的导弹综合系统；改进现有战略导弹综合系统，研制有发展前途的战略导弹综合系统，使之具有克服反导防御的能力。

（三）俄战略核力量 2016 年前的建设与发展方向

俄总统普京在 2005 年的“二月命令”中确定了俄核力量 2016 年前的建设与发展方向及未来发展前景，其中指出，保持和优化俄罗斯核遏制力量与装备的结构与组成是俄联邦国家最需优先解决的问题，俄核力量 2016 年前的建设与发展方向如下：

1. 到 2012 年底前，在俄战略核力量战斗组成中应具有 220 ~ 260 枚洲际弹道导弹（810 ~ 980 个核弹头）、8 ~ 9 艘弹道导弹核潜艇（载有 136 ~ 148 枚潜射弹道导弹，包括 592 ~ 664 个核弹头）、不少于 50 架的重型轰炸机（400 个核弹头）。

2．为战略火箭兵装备新一代“白杨 -M”导弹综合系统，延长 PC-I2M、PC-18、PC-20 洲际弹道导弹的使用期限。目前俄战略火箭兵正在实施有关部署新一代井基和机动式“白杨 -M”导弹综合系统（带有通用单弹头的 PC-I2M2 洲际弹道导弹）的计划。2007 年 5 月，对带有分导式多弹头的新型 PC-24 洲际弹道导弹进行了首次飞行试验。现正在进一步完善该新一代洲际弹道导弹的核装备，其方法是研制和生产机动战斗机，未来将生产高超音速巡航战斗机。进行该工作旨在提高 PC-I2M2 和 PC-24 洲际弹道导弹突破美国所建立的全球反导弹防御系统的能力。在为战略火箭兵突击集群改换装备的同时，开展延长担负战斗值班的 PC-I2M、PC-18、PC-20 洲际弹道导弹使用期限的工作,使之服役期限分别延长到 23 年、30 年和 25 年。这样可以在生产新型洲际弹道导弹拨款有限的情况下，保持战略火箭兵突击集群的所需组成。

3．完善俄海上战略核力量组成。完善俄海上战略核力量组成的计划包括为俄海军装备新型“北风”（955 型）弹道导弹核潜艇。被命名为“尤里·多尔戈鲁基”的第一艘“北风”（955 型）弹道导弹核潜艇于 2007 年年底到 2008 年年初进入海军服役。在北方机械造船厂（阿尔汉格尔斯克州北德文斯克市）还有两艘“北风”弹道导弹核潜艇，可能相继在 2008 年和 2010 年服役。除了上述潜艇之外，现有 667 Б Д Р М 型弹道导弹核潜艇计划服役到 2010 ~ 2018 年。其中 4 艘潜艇已通过大修，从 2006 年年底开始为这些潜艇装备“青色”PCM-54 改进型潜射弹道导弹。

4．俄空军恢复生产新型重型轰炸机并改进现有轰炸机。经过长时间的停置，俄空军恢复了图 -160 重型轰炸机的生产：2000、2001 和 2006 年各生产出一架该型轰炸机。俄空军首脑着重强调不仅要生产新型重型轰炸机，还要改进现有轰炸机（从 2004 年开始改进），同时为重型轰炸机更新核武器。2005 年完成了 X-102 新型空基巡航导弹（海基巡航导弹）的研制，从 2006 年开始成批生产。有关研制远程航空兵有发展前途的航空综合系统的决定大概将在 2011 ~ 2012 年实施。目前俄空军所面临的任务是：使图 -95 和图 -160 重型轰炸机的服役期限延长至 30 ~ 35 年（上述飞机的规定寿命为 25 年）。

5．非战略核武器方面。俄罗斯军政首脑始终把非战略核武器视为俄核潜能组成中不可分割的一部分，用于国家区域级别的遏制，迫使敌方放弃使用军事装备解决与俄联邦及其盟国之间争端的企图；而当敌人发动侵略时，可使用非战略核武器进行反击（制止）。同时，俄罗斯特别重视提高现有战术和战役战术核弹药的可靠性，并计划延长其服役期限。俄罗斯在完善非战略核导弹载机方面也表现得很适度，特别重视改进现有图 -22M3 和苏 -24 攻击飞机。对于新式装备，只建造了“伊斯坎德尔”战役—战术导弹综合系统。

四、俄战略核力量实力

目前，俄罗斯的战略核力量由战略火箭兵和分属海军与空军的战略核力量组成。

俄战略火箭部队有 426 个导弹系统，可携带 1586 枚核弹头，包括 P-36MYTTX 型和 P-36M2 型(SS-18)重型导弹、YP-100HYTTX 型(SS-19)导弹、“白杨”轮式移动导弹系统（SS-25）、“白杨 -M”井式发射导弹系统（SS-27）和“白杨 -M”机动式导弹系统。

海军的战略核力量有 14 艘战略导弹潜艇，其装备的弹道导弹可携带 611 枚核弹头。北方舰队装备有 667 Б Д Р М 级战略导弹潜艇（DeltaIV）、667 Б Д Р 级战略导弹潜艇（DeltaIII）。太平洋舰队装备有 667 Б Д Р 级战略导弹潜艇。俄海基战略核力量即战略核潜艇部队，列入海军序列。俄海军的基础是北方舰队、太平洋舰队、波罗的海舰队、黑海舰队和里海区舰队。装备海基弹道导弹系统的战略核潜艇部署在北方舰队和太平洋舰队。在 667 Б Д Р 型战略核潜艇按计划退役后，所有的战略核潜艇将集中部署在北方舰队。

空军的战略核力量主体为远程航空兵。俄罗斯武装力量现役战略轰炸机列编第37战略空军集团军。其装备有79架重型轰炸机，可携带884枚远程巡航导弹。这些轰炸机包括图-160型轰炸机和图-95型轰炸机，可装备各种型号的X-55型巡航导弹（AS-15）。

目前，俄早期预警系统航天部队编成中有5颗卫星，其中3颗位于高椭圆形轨道，2颗位于地球静止轨道。这些卫星很难保障对部署在美国本土的弹道导弹实施24小时观测。

俄罗斯的战略防御系统包括导弹预警系统、反导系统、太空监视系统以及已退役的反卫星系统。

第三节　俄罗斯与美国博弈中亚

美国通过发动阿富汗反恐战争将军事触角伸到了中亚，而中亚却是俄罗斯传统的“软腹部”。俄罗斯是不容忍这块“软腹部”被别人轻易染指的。随着军事实力的不断提升，俄罗斯开始恢复在中亚地区的影响力。俄美开始在中亚地区展开新一轮博弈，其最突出的表现就是两国在吉尔吉斯斯坦建立军事基地的问题。面对俄罗斯租用吉尔吉斯斯坦军事基地的成功，美国不甘心因从阿富汗撤军而削弱其在中亚的军事影响，正大力争取维持其对吉尔吉斯斯坦马纳斯军事基地的租用。俗话说，远亲不如近邻。尽管美国给了吉尔吉斯斯坦不少丰厚的条件来租用马纳斯军事基地，吉尔吉斯斯坦还是在俄罗斯的怂恿下一再与美国讨价还价。看来俄罗斯是不会让美国轻松地保持在吉尔吉斯斯坦的军事存在的。

人们注意到，从海湾战争到阿富汗战争与伊拉克战争的十余年时间里，对美国在海外采取的军事行动，俄罗斯基本上都持一种与其合作的态度。当然，美俄的合作中也有斗争。这种合作与斗争的特点是：合作是明的，斗争是暗的。从格鲁吉亚战争美俄两国“对撞”开始，美俄间的博弈就变成为一种公开的较量。如今，吉尔吉斯斯坦又成了美俄博弈的另一个竞技场。

一、中亚是新的大国利益交汇点

当沙皇俄国向南寻找印度洋出海口、大英帝国以印度为基地向北扩张时，俄英两大帝国的扩张前沿在阿富汗相遇了。此时，两大帝国势均力敌，无法制胜对方，就划出一个缓冲带，这就是现在阿富汗东部的长条形的瓦罕走廊，它隔开了沙皇俄国与大英帝国的直接接触。苏联成为横跨两洲的大国，有了北、东、西三个方面的出海口，遗憾的是只缺南下印度洋的出海口。对此，苏联一直耿耿于怀。20 世纪 60 年代末与美国形成战略均势后，苏联开始在全球呈进攻态势。这种进攻态势让躁动的苏联在 1979 年底出兵阿富汗。为维护其霸权地位，美国也不甘于承认现实，使出各种招数支持阿富汗境内的反苏力量。苏联军队遭到美国支持下的反苏武装的重创，伤亡惨重。最后，驻阿苏军不得不于 1989 年 2 月全部撤离阿富汗。

苏联解体后，俄罗斯实力大跌。美国借反恐为由发动阿富汗战争，俄罗斯无奈只好采取了一定程度的合作，眼睁睁地看着美国控制阿富汗。当然，俄罗斯是不愿看到美国控制阿富汗的，同样美国的中亚战略也不只是控制阿富汗而已。结果，美国将贪婪的目光再次向北延伸，瞄上了吉尔吉斯斯坦；俄罗斯也不愿再轻易放弃中亚的战略势力范围，对吉尔吉斯斯坦自然百倍重视。

吉尔吉斯斯坦之所以受到美俄两家的重视，主要是因为吉尔吉斯斯坦具有重要的战略性。

第一，吉尔吉斯斯坦起到东西走廊的作用。吉尔吉斯斯坦面积并不大，只有不到 20 万平方公里。可是，吉尔吉斯斯坦却处在联结亚洲东部与欧洲大陆的“陆峡”位置上。从地形上看，由中国新疆西部进入中亚最方便的捷径就是经吉尔吉斯斯坦的路线。从现有的通道看，中国新疆进入中亚的陆上道路主要是经过吉尔吉斯斯坦的。所以，控制了吉尔吉斯斯坦也就控制了东西方的战略通道。

第二，吉尔吉斯斯坦影响反恐大局。苏联解体之后，吉尔吉斯斯坦成了恐怖主义、分裂主义和极端主义分子的聚合地。这三股势力对中亚地区的安全具有直接影响。所以,美俄两家对吉尔吉斯斯坦给予了极大的重视。

第三，吉尔吉斯斯坦是个民族危机的“火药库”。中亚五国虽然都是穆斯林国家，但种族矛盾却由来已久。吉尔吉斯斯坦地处费尔干纳盆地。乌兹别克族早已在这里居住了多个世纪。19世纪费尔干纳盆地落入沙皇俄国之手，之后成为苏联的一部分。斯大林当政时将费尔干纳盆地分成三部分，分别划入吉尔吉斯斯坦、乌兹别克斯坦和塔吉克斯坦三个苏联加盟共和国。苏联解体后，费尔干纳盆地又被独立的三个国家占有。在吉尔吉斯斯坦，吉尔吉斯族人占70%，乌兹别克族占15%。乌兹别克族经济地位高，但政治影响力低。同时，吉乌两族还存在土地、房屋等问题的分歧。一旦吉尔吉斯斯坦的问题引起民族骚乱，其蔓延开来的后果不堪设想。一方面，吉尔吉斯斯坦的问题可能演变为独联体内最棘手的问题，俄罗斯若无力解决该问题的话，会削弱其在独联体内的地位。另一方面，吉尔吉斯斯坦的问题一旦出现，可能影响美国的驻军安排，打乱美国的反恐部署。如果阿境内的恐怖势力乘机发难，可使美在阿境内的反恐行动前功尽弃。

二、美俄出牌，招法比拼

为了扩大对吉尔吉斯斯坦的影响,美俄在军事上都使出了自己的招数。2001年秋，美国借阿富汗战争之机，与吉尔吉斯斯坦达成协议，租用吉尔吉斯斯坦首都比什凯克近郊约30公里的马纳斯机场作为空军基地，以便为美军在阿富汗的行动提供支持。美国由此便将军事势力伸进了吉尔吉斯斯坦。同时，美国还租借乌兹别克斯坦的一个军用机场作为基地。2005年乌兹别克斯坦与美国关系恶化，美军被迫从乌军事基地撤出。美在吉尔吉斯斯坦的马纳斯基地便成了美军的“救命稻草”——美在中亚唯一的军事基地。阿富汗战争期间，驻马纳斯空军基地的美空军主要负责为在阿作战的地面部队提供空中支持。随着阿富汗战争主要战事的结束，马纳斯基地担负起后勤保障任务，如运送伤员、运送物资和提供油料等。美国不仅在吉尔吉斯斯坦保持军事存在，同时还向吉每年提供数额巨大的援助资金。美国对吉尔吉斯斯坦从军事、经济和政治等方面施加影响。

对于美国在吉尔吉斯斯坦扩大影响，俄罗斯也不甘落后。看到美国在吉尔吉斯斯坦首都比什凯克近郊建立了军事基地，俄罗斯于2003年10月也在吉尔吉斯斯坦的首都近郊坎特建立了空军基地，距离首都大约20公里，离美国马纳斯空军基地约45公里。这个基地发挥的作用，正如吉尔吉斯斯坦一位前总统所言，“我们奉行一个路线，就是将我们国家真正变成俄罗斯在中亚地区的政策支持基地”。基地常驻兵力约500人，各类飞机20多架。这个基地也是独联体集体安全条约组织快速反应部队在中亚的重要组成部分。

当然，俄美两国对对方在吉尔吉斯斯坦建立的军事基地都视为肉中刺眼中钉。2009年2月，吉尔吉斯斯坦宣布，出于经济补偿和社会影响两方面的原因，吉政府决定关闭马纳斯美军基地。这时，俄罗斯马上意识到，赶走美军的时机来了。为了防止吉尔吉斯斯坦调整已经做出的关闭美军基地的政策，俄罗斯向吉尔吉斯斯坦提出，俄将向吉提供巨额经济援助，包括3亿美元优惠贷款和17亿美元能源投资，1.5亿美元无偿援助和免除吉1.8亿美元债务等，其目的是彻底将美军从马纳斯军事基地赶走。但是，美国经过与吉尔吉斯斯坦多次协商，提出给吉尔吉斯斯坦更优惠的条件，每年租金提高到6000万美元，出资3700万美元新建停机坪和仓库，出资3000万为基地安装新导航系统，提供2000万发展资金、2100万反毒反走私资金和1000万反恐资金等。在巨大的利益面前，吉尔吉斯斯坦最终妥协了，与美国就继续使用马纳斯基地问题达成谅解，允许美国继续使用这个基地，但以“过境运输中心”的名义使用。吉尔吉斯斯坦是2003年起至今全球唯一一个同时有美国与俄罗斯两国军事基地存在的国家。从这点也足以看出,吉尔吉斯斯坦在美俄两国的战略天平上占有多么重要的地位。

三、中国安全受到的影响不可低估

美俄在吉尔吉斯斯坦的博弈极可能导致吉尔吉斯斯坦出现动荡乃至动乱。一旦这种情况发生，中国的安全将会受到影响。这主要表现在以下几个方面:

一是吉境内的恐怖主义、分裂主义和极端主义这三股势力威胁着中国的安全。之前，吉境内的这三股势力在上海合作组织框架内受到了沉重打击,其生存空间越来越小。之后因为吉境内发生了持续时间如此长的动乱，严重影响了上海合作组织的打击成果，使得吉境内的三股势力有了喘息之机。同时，随着动乱的扩散，吉境内的三股势力可能会蔓延开来，滋生扩大。中国与吉尔吉斯斯坦在2003年签署睦邻友好条约时就指出，恐怖主义、分裂主义和极端主义仍是本地区安全与稳定的主要威胁。双方认为，打击“东突”恐怖势力是国际反恐斗争的重要组成部分。对于与吉尔吉斯斯坦拥有共同边界达1100多公里的中国来讲，一旦吉境内的三股势力壮大，尤其是“东突”势力借机壮大，中国安全将会受到严重的影响。

二是中国能源安全受到威胁。吉尔吉斯斯坦是中国的重要能源通道。为了减轻进口能源通道的威胁，近年来中国大力开辟陆上进口石油通道，其中经吉尔吉斯斯坦的石油通道就是重要的组成部分。一旦吉尔吉斯斯坦成立亲美的政府，我经吉尔吉斯斯坦的石油通道将面临诸多威胁。所以，吉尔吉斯斯坦的动乱对我国能源安全也可能造成威胁。

三是亚欧大陆桥新通路受到威胁。中国与中亚和欧洲建立起来的新陆上“丝绸之路”的其中一段经过吉尔吉斯斯坦。这条铁路是联结中国与欧亚国家的贸易交流的纽带。这条铁路在吉尔吉斯斯坦境内长约600公里。吉尔吉斯斯坦的动乱及可能的政治动荡，对这条铁路的影响目前还不能做出准确的分析。但是，一旦吉境内的这种动乱与动荡持续下去，这条铁路将会受到影响，这一点是可以肯定的。

当然，对于影响我国国家利益的问题，我国主要还是要利用外交途径解决；对于威胁我国国家利益的三股势力的打击，主要通过上海合作组织来实施。

第五章　对军事形势、战争、热点和威胁的认识

21世纪以来，各国的军事发展都步入了快车道，并且出现了许多新的变化。这些变化正在或将要对国际秩序产生一系列重要的影响。在这种情况下，正确认识世界军事发展新走势，对我国和平发展成为世界性大国具有极为深远的意义。

同时，随着全球经济形势的日益恶化，国际间的各种冲突不断，有人认为局部地区爆发战争或出现军事冲突的可能性越来越大。全球安全形势凸显，中国周边安全形势不容乐观。我们应该给予足够的重视，防患于未然。

第一节　对世界军事发展走势的新认识

进入 21 世纪后，世界军事发展不仅步入了快车道，而且还出现了许多新的变化。这些新变化正对世界各国生存与发展以及新国际秩序的建立产生一系列的重要影响。正确认识世界军事发展新走势，对我国和平发展成为世界性大国具有深远的意义。

一、世界军事发展新走势的主要特点

随着全球化的不断深化，美国为维护其“一超独霸”地位而在全球纵横捭阖、无所顾忌地采取军事行动，世界军事也在发生着深刻的变化。尤其是进入新世纪后，随着军事技术的不断发展和信息技术在军事领域应用的不断深化，世界军事发展的新特点正在不断凸显出来。具体表现为这样几个方面：

（一）军事正从国家利益的“分割器”向国家利益的“调节器”方向转变

从古至今，军事手段都被国家执政者利用为国家与国家之间利益分割的工具。殖民帝国在全球争夺殖民地的过程中，军事手段主要用于分割列强的势力范围和维护殖民利益。由于对殖民地争夺的不均衡，地球上先后出现了两次世界性的大战。冷战时期，以美国和苏联为首的东西方两大阵营主要运用军事手段展开对抗，并且通过军事手段对势力范围进行着不断的分割和维护。如朝鲜战争、越南战争和阿富汗战争等一系列战争都是美苏大国争夺势力范围的结果。可以说，军事手段从其出现开始就是国家执政者用于“分割”国家与国家之间利益的主要手段。冷战后，军事开始由国家与国家之间的利益“分割器”向着“调节器”转化，即在解决国家与国家之间的利益问题时，军事手段已从台前退居幕后，作为一种重要的威慑手段来支撑外交等方面进而调节国家利益之间的矛盾。军事手段的这种作用是军事发展在新世界表现出来的一个重要特点。这一特点体现为：其一，军事手段使用的有限性，使用时受到政治、经济和外交等多个方面的强烈约束；其二，军事手段不是在最后决定性时刻使用，而是在和平时期就经常性地使用；其三，军事手段重在威慑而不是重在实战，这使得战略性力量的发展日益受到重视；其四，国家利益的“分割”更多地使用战争，而国家利益的调节更多地使用和平方式的军事手段。

（二）军事战略威慑的手段正从核武器向多元化方向转变

核武器出现后，其强大的战略威慑能力是在美国对日本的广岛与长崎两地使用原子弹表现出来的。从此，核武器被世界各国视为战略性武器。冷战时期，美国和苏联两国利用核武器相互进行战略威慑。美苏两国进行的战略性谈判也主要围绕着核武器展开，如美苏两国对如何限制核武器试验进行了谈判，对如何限制核武器的规模进行了谈判以及对如何限制核武器发展也进行了谈判等。随着民用技术和军事技术的不断发展，越来越多的武器正发挥出其战略性作用。如美俄两国都十分重视战略网络博弈力量的建设，设计出网络病毒等使其在网络空间发挥出战略性作用；美俄两国还都日益提高对空天战略力量的重视与建设，美国已经在进行空天飞机的研发，同时还在开发“全球即时打击系统”，即运用携带常规弹头的远程导弹在不到一个小时内对全球任何目标实施精确打击。可以看出，美俄两国不仅进行核战略力量的博弈，同时也重视其他战略力量的博弈。随着技术水平的不断提高，美俄两国战略博弈的手段正在多样化。这也意味着核武器的战略影响力正在下降，使用战略核武器的门槛正在提升。其他战略性武器正在发挥出越来越重要的作用，使用除战略核武器之外的其他战略性武器的可能性越来越大。

（三）军队的规模正在缩小，同时海空力量不断提升

从世界主要军事大国的军队建设来看，军队总体规模都在压缩。美国正在计划裁减其国防部领导下的陆海空军的总体规模，俄罗斯也计划在未

来几年内将其军队的总规模压缩到100万左右，中国也在不断压缩军队的总规模。当然，在这种世界性总体压缩军队的大趋势下，印度等少数国家扩张其军队规模，就是一种与时代发展趋势相悖的做法，应引起人们的关注。在军队规模压缩的同时，海空力量正在受到重视。最为典型的就是美国。2012年1月5日，美国总统奥巴马公布了一个包括大规模精减兵力的国防战略计划。在该计划中，奥巴马宣布，美国军队将被精减。美国计划在未来10年内把地面部队的人数减少10%至15%，同时加强对海空力量的投资。人们都知道，为了控制政府的庞大赤字，美国总统奥巴马与国会达成协议，要在今后10年内将国防开支削减1万多亿美元。这就意味着未来10年内美国的国防投入将会受到极大的压缩。在这种情况下，美国大力裁减地面部队，而海空力量却得到加强。这表明，美国未来军队建设的重点将集中在海空力量的发展上。美国军队建设重点的这种调整基本上代表着世界主要国家军队建设的一个总趋势，那就是军队的总体规模压缩，陆军将被大量地裁撤，海空军规模相对上升。

（四）各国军队的相互融合越来越紧密，军事关系不断加强

最近，美国特种作战司令部向外透露，2011年美军特种部队向75个国家派出人员执行任务，而2012年美国特种部队派往执行任务的对象国达到120个。从这个数字不难看出，美国与其他国家的军事关系正在加强，美国与其他国家军事关系的相互融合也在不断扩大。世界各国军队间的相互融合同样如此。具体表现为这样几个方面：其一，各国的军事透明度越来越高。越来越多的国家通过发表“国防白皮书”等形式向外界主动阐述本国的军事政策和军队发展走向。其二，各国军事领导人之间的互访越来越频繁。进入新世纪以来，人们发现，各国间军方人士的互访，不仅表现为军队和国防高层领导人的互访，还表现为中下军人之间的互访。这不仅增大了各国军人相互见面的机会，更重要的是促进了军队之间关系的发展。其三，联合演习越来越成为军队之间融合的重要手段。进入新世纪，尤其是近几年来，多国部队联合举行的军队演习不仅规模不断扩大，演习的频

率不断上升,演习的内容也在不断深化。这种演习使军队之间的融合加速。其四，演习场地正从固定演习场向着“复杂性”演习场方向发展。目前，多国联合军事演习表现出的一个突出特点是演习背景越来越复杂。演习场地的选择不是在一个国家，而是开始在多个国家选择演习场；军队不仅在演习场地进行训练，还在演习场地进行作战演练。

（五）军事联盟关系样式正在发生变化，由重视建立固定性关系向重视临时性关系转变

冷战时期，美苏两国各自组建军队联盟进行长期的军事对抗。这种联盟往往表现为固定性的，有联盟的盟约来约束，结盟各国的权力、利益和责任都表现为明文规定。结盟国家退出联盟往往需要办理一定的手续。其中，最为典型的就是北约和华约两大军事集团。此后，美国与苏联还组建了许多规模较小的军事联盟。冷战后，人们越来越喜欢临时性结盟这种形式。从海湾战争开始，临时性结盟逐渐成为一种受到青睐的联盟样式。纵观伊拉克战争、阿富汗战争和多国部队打击利比亚的军事行动等，都表明临时性结盟已经成为新世纪国际上习惯采取的结盟样式。至今，在针对叙利亚和伊朗问题上，以色列、美国以及其他西方国家还没有组建起联盟。毋庸置疑，如果针对伊朗和叙利亚的军事行动出现，多国力量也同样会是临时性的联盟。

（六）大国正在组建武器势力范围，组建武器一体化体系

进入新世纪后，许多大国纷纷在国际社会建立本国的武器市场，推销本国的武器装备。其中,美国是最为突出的一个国家。随着北约的不断扩大，美国的武器标准得到越来越多盟国的认可，美国的军火得到顺利推销。此后，美国通过在格鲁吉亚和阿富汗等国的军事行动，也使其武器装备在这些国家打开了市场。这使美国的武器标准得到了非盟国的认可。同样，俄罗斯也在采取手段，扩大其军火市场的范围。值得人们关注的一点就是俄罗斯已经让印度建立俄制武器零部件的生产工厂，向使用俄制武器的国家提供零部件。

（七）非军事性的、地区性的国际组织越来越涉足军事问题

自联合国成立以来，联合国在发挥集体安全方面发挥出重要的作用，其在干预军事危机方面是其他地区性国际组织所无法比拟的。从联合国宪章看，联合国干预地区性军事危机具有合法性。但是，冷战后的国际形势表明，地区性组织越来越多地插手军事问题。如北约就跨出其防区范围对波黑进行军事干预,东盟组织干预柬埔寨与泰国边境地区的神庙争端问题，海合会干预也门问题，阿盟干预利比亚问题等都是突出的表现。

二、影响世界军事发展出现新走势的动因

进入新世纪后，世界军事发展之所以出现这种新的发展走势，其根本原因是世界总体形势正在发生巨大的变化。总体上看，推动世界军事形势出现新走势的动因可归结为以下几种：

（一）全球化的不断深化使世界各国融合得越来越紧密

冷战时期，东西方是两个独立运行的体系，对对方阵营实力的摧毁、破坏或削弱对本阵营基本没有什么影响。这使人们往往比较喜欢用战争手段解决问题。冷战后，东西方阵营这种国际形态已经消失，全球化不断深化，各国的利益开始向全球蔓延。尤其是进入新世纪后，这种国家利益海外拓展向全球发展的趋势越来越明显。在这种形势下，使用军事手段来解决国家利益问题已经不合时宜。如在核武器的使用问题上，美国如再使用核武器威胁对手的利益，同时也将会威胁到本国的利益，肆意进行核威胁已经达不到战略目的了。这表明美国使用核武器进行战略威慑的机会越来越少，也意味着核武器的战略威慑作用与冷战时相比正受到削弱。奥巴马上台后提出建立“无核化世界”，加大缩小核武器规模的力度等，都是核武器作用正在下降的一种折射。

（二）技术特别是军事技术的发展，使战争爆发越来越受到遏制，而运用军事手段“和平”维护国家利益却越来越受到重视

人们不难发现，世界各国在军事方面出现了“越来越多”这种特点：国际武器装备展越来越多、军事表演越来越多、国家阅兵式越来越多、军事演习越来越多等。这些“越来越多”无不向世界传达这样一个信号，那就是通过展示军事“肌肉”来达到获得更多国家利益的目的。

三、我国如何顺应世界军事发展新走势

随着全球化的不断加速和技术的不断提高，世界军事发展必将越来越具有新的内容。这是不可抗拒的发展。面对世界军事的如此变化，我们在不断融入世界，不断扩展海外国家利益的进程中，在发展我国军事这一问题上必须要有战略性思维和战略性计划，采取具有远见性的战略性举措，在世界军事新发展的大势中赢得主动：其一，在经济能力容许的前提下，加速发展军事，快速提高军事实力。其二，紧紧抓住战略机遇期内有利的国际环境，加快构建我国维护全球性海外利益的军事保障体系。其三，加大提高国防意识的投入，使全社会能够意识到：有形的国家安全危机正在下降，无形的国家安全危机正在上升；影响国家安全的因素不是减少了，而是增多了。这是我们面对新的世界军事形势应该把握的几个重点战略问题。

第二节　新世纪战争与军事冲突的规律与特点

进入新世纪后，全球爆发的局部战争与军事冲突出现了诸多新规律、新特点。掌握这些规律与特点对我们认识我国周边强国的军事状况及其对我国可能造成的威胁是非常有益的。

一、非大国对抗性的战争与军事冲突正成为新世纪战争与军事冲突的主体

冷战时期，在东西方两大军事集团对峙、美国与苏联两个超级大国争夺世界霸权的时代背景下，全球各地发生的战争与军事冲突绝大多数都具有大国对抗的性质，如中东战争、朝鲜战争和越南战争等。

冷战后，美国成为唯一的超级大国，其他国家无力与美国争夺世界霸权。但是，这并不意味着美国与其他国家不存在军事对抗与争斗问题。在2008年8月发生的持续5天的格鲁吉亚与俄罗斯之间的战争或军事冲突中，美国就明显支持格鲁吉亚一方，使格俄之间的这场战争或军事冲突明显带有大国争夺势力范围的色彩。这是新世纪全球发生的战争与军事冲突中比较典型的一例。

纵观新世纪全球发生的战争与军事冲突，非大国对抗性的战争与军事冲突占据着绝大多数。据不完全统计，在2003年至今全球发生的48次战争与军事冲突中，一部分是因领土问题发生的边界战争与冲突，另一部分是因民族、宗教和政治等原因发生的内战，只有极少部分有大国支持的背景。从目前仍没有停止的32处战争或军事冲突来看，冷战时期延续下来的为14处,冷战后新发生的有18处。其中,新世纪发生的有16处。这表明，新世纪发生战争与军事冲突的频度正在上升，并且引发这些战争与军事冲突的原因正日益复杂化，解决难度也日益增大。

新世纪发生的战争与军事冲突,就地区而言,亚洲有26个,欧洲有7个,北美洲有5个，南美洲有1个，非洲有14个。从这组数字中不难看出，亚洲地区已经成为全球战争与军事冲突爆发的热点地区。从亚洲地区引起战争与军事冲突的原因来看，除阿富汗战争和伊拉克战争是美国发动的之外，其他的都是边界分歧、民族和宗教矛盾、反恐等原因引起的。这些原因同全球新世纪战争与军事冲突发生的主要原因是相同的。

非大国对抗性的战争与军事冲突之所以会占据绝大多数，主要是因为:

美国是唯一的超级大国，其他国家无力与美国在全球范围内较量；随着东西方军事对峙的消失，国内矛盾以及相邻国家之间的矛盾逐渐上升为显性矛盾；某些国家地区霸权主义的抬头；恐怖主义不断以各种形式出现；等等。当然，随着大国或强国实力的上升，有某些大国或强国背景的战争与军事冲突也在出现。俄罗斯与美国在南高加索地区的争夺就在格鲁亚战争中表现出来了。这也可能发展成为新世纪战争与军事冲突的一个特点。

二、非传统因素日益成为引发战争与军事冲突的主要因素

从世界战争与军事冲突史来看，世界主要强国在二战前都是通过军事手段来建立殖民地、争夺殖民地的，拓展势力范围使得战争与军事冲突不断。战争的规模几乎没有限制，战争与军事冲突各方尽可能地使用武力征服对手。

二战后，世界格局形成了以美苏为首的东西方两大军事集团的对抗。军事实力是代表双方对抗力量的主要指标，双方都以军事实力来维护或扩大自己业已控制的势力范围。这使冷战时期的战争与军事冲突呈现出这样的特征：一是双方都对战争或军事冲突采取限制；二是尽可能打代理人战争或军事冲突；三是双方对战争或军事冲突的结果都非常重视，认为“我失即意味着你得，你失即意味着我得”。可以说，冷战时期的战争与军事冲突都是建立在美苏军事实力基础上的博弈。

从世界战争与军事冲突发展史来看，用军事手段实施侵略是引发战争与军事冲突的传统因素。进入新世纪后，这种引发战争与军事冲突的传统因素正让位于非传统因素，非传统因素正日益成为引发战争与军事冲突的主要因素。这主要是因为：

其一，非传统因素引发的战争与军事冲突多于传统因素引发的战争与军事冲突。目前看，进入新世纪后全球出现的因领土问题引发的军事冲突主要有 2001 年印度与孟加拉两国间的边界冲突、2008 年吉布提与埃塞俄

比亚两国间的边界冲突以及2008年出现至今仍没有平息的柬埔寨与泰国之间的边界冲突。据不完全统计，在新世纪因各种原因出现的战争与军事冲突中，亚洲地区26例中反恐军事行动占10例；非洲地区14例中反恐军事行动占8例。尤其是美国以反恐名义打的阿富汗战争，持续时间之长，规模之大，使用兵力之多在战争与军事冲突史上也是非常少见的。此外，民族问题、宗教问题、国内派别矛盾等引发的战争与冲突也占有一定的比例。可以看出，冷战结束后，尤其是新世纪以来，非传统因素引发的战争与军事冲突已大大高于传统因素引发的战争与军事冲突。这也是世界上很多国家越来越重视对非传统因素引发的战争与军事冲突进行研究的主要原因。

其二，美国霸权这一引发战争与军事冲突的因素仍为显性因素，但已下降为次要因素。从过去10年全球发生的战争与军事冲突来看，阿富汗战争与伊拉克战争是两场规模最大的战争，特别是阿富汗战争是仍在进行中的最大规模的战争。这就表明美国霸权仍是引发全球战争与军事冲突的动因。从近10年来发生的战争与军事冲突，尤其是目前仍没有停止的战争与军事冲突来看，美国引发的战争数量还是非常少的，所占比例也是非常低的。目前看，美国对新世纪发生的其他战争与军事冲突干预的数量是非常少的，即便干预，干预的力度也是非常低的，像美国干预格鲁吉亚的例子，是非常少见的。

不难看出，在新世纪发生的战争与军事冲突中，美国霸权仍是一个导火索因素，但其发动和干预的战争与军事冲突所占的比例很低。可以认为，美国霸权这一因素已经下降为引发全球战争与军事冲突的次要因素。但是，美国发动的战争或参与的军事冲突对世界的影响不能低估。即便做出美国霸权仍为引发战争与军事冲突的显性因素，但已下降为次要因素这一结论，人们也不能忽视美国霸权这一因素的能量。

三、恐怖分子正成为新世纪战争与军事冲突的主角

从传统战争与军事冲突看，国家、民族或政治集团掌控的军队是其主角。从二战前各国争夺殖民地挑起的殖民战争，以及二战后美苏两大国为争夺世界霸权在全球支持的代理人战争看，人们也可以得出军队是战争的主角这一结论。冷战后，尤其是进入新世纪后，战争主角这个群体迎来了新的“客人”，即恐怖分子。

二战后，有关国家使用军队打击恐怖分子并不是新鲜事。如 1976 年 6 月，德国的“红色军团”恐怖组织配合巴勒斯坦恐怖分子制造了一起劫持法国航空公司一架飞往以色列的客机到乌干达的恐怖事件。事件发生后，以色列派出突击队空中奔袭 3600 千米，在乌干达首都的恩德培机场将劫持者击毙，解救了所有被劫持的人质。这是冷战期间军队用于反恐的最著名的战例。冷战后，有关国家使用军队打击恐怖分子的频率加大，力度也加大，如 1998 年 8 月 20 日美国就使用 77 枚巡航导弹对阿富汗境内据称为本·拉登组织的训练基地和苏丹境内一个被认为是制造化学武器的制药厂实施了导弹打击。但是，这一时期，有关国家使用军队来反恐，以及恐怖分子与军队的对抗，总的说来还是规模小、烈度低。反恐还不是军队的一项主要任务。

2001 年“9·11 事件”发生后，美国发动了阿富汗战争，在全球大张旗鼓地打起了反恐大旗。随之，反恐也演变成绝大多数国家军队的一个重要任务。经过近 10 年的反恐，人们越来越认识到，恐怖组织正成为一个新型的战争主体。这主要是因为：

（一）恐怖组织被列为军队的打击对象

美国打响阿富汗战争后，全球绝大多数国家都表示支持反恐，并且都将打击恐怖分子列为军队的一项重要任务。许多国家的军队不仅在境内反恐，还参与国际反恐。之前，在阿富汗反恐战场上，北约 28 个成员国都派出了部队，欧盟的大部分成员国也派出了军队。此外，向阿富汗反恐战

争派出军队的还有澳大利亚、新西兰、阿塞拜疆、新加坡等国家。如此众多国家的军队参与国际反恐，足以表明，恐怖分子已经成为军队的常态打击对象。

（二）恐怖分子与军队展开真刀真枪的对抗

目前，美国军队及联合国建立了国际安全援助部队，曾在阿富汗战场与恐怖分子进行作战，南亚的巴基斯坦军队也与境内的恐怖分子进行着激烈的作战。同样，印度军队也没有停止对其境内恐怖分子的军事打击。面临恐怖主义威胁的其他国家，如黎巴嫩、也门等，也对恐怖组织采取了军事打击行动。

（三）恐怖分子正通过网络威胁国家安全

人们发现，恐怖分子制造的恐怖威胁不仅表现在真实的世界里，也出现在虚拟的空间中。据统计，近年来恐怖分子在网络上制造的恐怖事件数量急剧增多。针对来自网络这一虚拟空间的威胁，美国于 2011 年 5 月正式启动了网络司令部，10 月开展全面动作。美国组成这一司令部的目的之一就是对付恐怖组织的网络攻击，担负起网络作战的任务。美国花大气力，组成近千人的网络部队。这已经表明，网络安全正威胁着国家安全。对付恐怖分子制造的网络威胁正成为网络部队的一项重要任务。

（四）恐怖分子实施战争与军事冲突的方式与军队大相径庭

从近 10 年的军事反恐史来看，恐怖分子挑起的战争的样式正在变得与传统战争完全不同。传统战争有明确的目标，有清楚的战线，实施战争有明确的主体——军队等。可是，恐怖主义发动的战争将原来传统战争的许多特征都改变了，如在这种战争中，人们无法知道战争的组织者，无法看清从事战争的人的真实面目，也无法摸清这些人将用何种战术进行作战等。美国在阿富汗地区的反恐无法打击真正的对手，传统的武器已经没有了用武之地。所以，美国纵使有全球最先进的武器，实力最强的军队，也很难在对付恐怖主义的战争中取得最后的胜利。这表明，反恐战争已经成为一种新的战争形态。

四、北约将参与防区外的战争与军事冲突变成常态化

冷战时，北约原本是一个地区性的军事组织，是为了与苏联为首的东方集团对抗而建立的。它的盟约明确规定，北约军队不能跨出成员国领土活动，只有当成员国遭受外敌入侵时才可采取行动。这表明它是一个防御性的军事组织。由于东西方军事集团的紧张对峙，北约组织在冷战期间未敢越雷池一步，而是本分地守着防区，以防备苏联为首的东方集团可能的挑衅与进攻。

冷战后，北约的大幅扩张为防区外行动常态化打下实力基础。冷战结束时，北约是一个拥有 16 个成员国的军事组织。本来，随着华约的解体，北约也应该停止工作了。然而，北约不但继续存在下来并且不断扩大。如果说 20 世纪北约扩大还是迈小步的话，进入 21 世纪北约的扩张可以说是迈大步了。北约成立时拥有 12 个成员国，近半个世纪才吸收进 7 个国家。进入新世纪不到 10 年，北约就吸收进 9 个国家。如今，北约已经成为囊括欧洲绝大部分国家、拥有 28 个成员国的庞大军事组织。从战略发展上看，北约还将继续扩大。目前，北约已经将南高加索的格鲁吉亚武装起来，美国还用自己的武器武装了阿富汗政府的陆军。可以看出，北约下一步继续向东扩张的可能性比较大。北约已经成为世界上最大的军事集团。这样一来，北约在安全上发挥着仅次于联合国的作用。随着北约的不断扩大，北约在世界上发挥的作用将越来越大。

北约积极参与防区外的战争，给防区外常态化行动寻找“机会”。冷战结束以来，北约频频跨出自己的防区，在其防区外行动。1994 年 2 月 28 日，北约击落了 4 架闯入禁飞区的塞族轻型对发攻击机，开了北约在波黑动武的先河，也开了北约在防区外动武的先河。随后，北约亲自动手打击对其没有造成任何军事威胁的国家南联盟。1999 年，北约以所谓的南联盟违反人权为借口，对南联盟发动了空袭。如果把北约 20 世纪在其防区外的军事行动看为“偶尔”的话,其新世纪在防区外的行动就已是“常

态”了。2001年美国发动阿富汗战争两个月后的12月20日，联合国安理会通过决议向阿富汗派遣国际安全援助部队，以协助临时政府维护治安并开展战后的重建工作。虽然这支国际安全援助部队并不完全来自北约成员国，它却从一开始就接受北约的领导，并逐步分担起驻阿美军的部分反恐作战任务。可是，谁也没有想到，北约部队在阿富汗一驻军就是10年。

随着新世纪第二个10年的到来，世界战争与军事冲突将会出现新的变化，但新世纪第一个10年世界战争与军事冲突的某些“痕迹”将会被继承下来。深入研究第一个10年世界战争与军事冲突将对我们深入认识未来10年的世界军事大有裨益。

第三节　美国20年海外战争和军事行动的主要特点

目前，美国在西太平洋地区正构建以强势为特征的军事布局，以实现美国国务卿希拉里所谓的美国太平洋世纪战略目标。从冷战后美国海外战争和军事行动看，这是美军海外战争和军事行动的一个新开端，标志着美军海外战争和军事行动又进入了一个新阶段。

当今，除阿富汗战事外，过去20年内美国在海外发动的战争都已经结束。人们对过去20年美国海外战争和军事行动的特点进行了分析与总结。准确地讲，过去20年美国海外战争是以海湾战争开始而以利比亚战争收官的，主要战争有海湾战争、波黑战争、科索沃战争、伊拉克战争、阿富汗战争和利比亚战争等。纵观这20年美军的海外战争和军事行动，这些成系列的海外战争和军事行动具有十分突出的特点。

一、高举“联合国决议”和“人道主义”等大旗，以取得行动的“合法性”和占据道义的制度点，以利于美军的行动

冷战时期，除朝鲜战争外，美国在发动海外战争或进行军事行动时几

乎都没有打着联合国的旗号。如在越南战争时，美国没有寻找任何理由而是通过军事行动规模的不断升级来进行战争的，美国入侵格林纳达时以所谓应东加勒比海国家组织的请求这样的旗号对该国采取军事行动，入侵巴拿马时是以该国领导人诺列加“贩毒”为名进行的。可见，冷战时期，美国在海外发动战争或采取军事行动时都有冠冕堂皇的理由。

冷战后，美国发动的海外战争却几乎都打着联合国的旗号，或以“人道主义”等为借口。之所以说美国打着联合国的旗号，主要是因为：一是以所谓的联合国决议做着为美国利益服务的事；二是强制联合国通过决议，为美国利益服务。如美国干涉波黑内战时，就是美国联合英国、法国等西方国家推动联合国安理会通过有关决议，授权北约“使用一切必要手段”在波黑采取干预行动的。这是美国冷战后发动海外战争和军事行动的主要特点。海湾战争时，美国是以联合国安理会第678号决议为由组织力量对伊拉克进行打击的；美国干涉波黑战争的行动是以联合国第836号决议来进行的；美国出兵海地是以联合国安理会通过的有关决议实施的；科索沃战争是以南联盟科索沃地区出现人道主义灾难为由发动的；阿富汗反恐战争实际上也是在2000年12月19日联合国安理会要求塔利班移送拉登到美国或第三国就1998年的肯尼亚和坦桑尼亚爆炸案接受起诉以及关闭所有武装训练营之后发动的；伊拉克战争是美国绕开联合国以伊拉克拥有大规模杀伤性武器和支持恐怖主义为由发动的；利比亚战争是以联合国安理会1973号等决议为由发动的。从冷战后美国发动的历次战争的托词可以看出，美国成为世界上唯一的超级大国后，对其海外战争和军事行动总是要寻找合理的或合法的理由。这就充分表明：一方面，美国发动海外战争是有顾忌的。这种顾忌不是害怕对手，而是害怕世界舆论使其陷于孤立。另一方面，美国在海外发动的战争具有限制性，也不是随心所欲发动的。这种限制性表现为战事发动的地域具有限制性，使用手段具有限制性，同时还在战争目标、作战方式等方面具有限制性。再一方面，美国发动战争或采取军事行动的对象都是小国或地区性的强国，而不是世界性的大国。

这是美国在发动战争或采取军事行动时总要寻找一些理由的原因。如果是美国与世界性的大国出现这种情况，美国就不会再寻求这样的理由了。冷战时期，除朝鲜战争外，美国与苏联之间的所有的军事较量都没有找任何“合理性”或“合法性”的理由。随着美国将其全球军事战略重点向亚太方向调整，美国在该地区将面对诸多世界性的强国或大国。美国极可能不会寻找“合理性”或“合法性”理由来在该地区采取战争行动或其他军事行动。在这方面，美国打着联合国旗号或绕开联合国的海外军事行动或会增多。这也从另一个方面反映出联合国在国际安全方面的作用在弱化，而美国强力推行其霸权的势头在上升。

二、以“问题联盟”形式组建进行战争和军事行动的力量，从而使战争和军事行动呈现国际化

冷战开始时，全球呈现出东西方两大军事阵营的对抗。20 世纪 60 年代后期，这种军事格局才逐渐演变为以美国与苏联两大超级大国的军事对峙为主要特征的东西方军事对抗。在这种军事对抗的形势下，美国组建了多个军事同盟，如北大西洋公约组织、美澳新条约组织、东南亚集体防务条约组织、美日军事同盟和美韩军事同盟等。冷战期间，美国在从事海外战争和军事行动时基本上都是以联盟的集体力量来进行的。如越南战争时，美国就拉上了其在亚太地区的盟国，如韩国、澳大利亚、新西兰、菲律宾和泰国。即使朝鲜战争还是冷战初期的一场局部战争,美国也拉上了英国、法国、澳大利亚、新西兰、荷兰、加拿大、土耳其、泰国、菲律宾、希腊、比利时、哥伦比亚、埃塞俄比亚、南非、卢森堡和日本等 16 个国家，这些参战的国家中绝大部分后来都成为美国建立的军事联盟的成员国。特别指出的是，朝鲜战争是美国拉上最多的国家参战的一场战争。冷战期间，除朝鲜战争和越南战争外，美国发动的其他战争拉上的其他国家的数量都十分少，有时甚至单独出兵。

冷战后，美国发动的海外战争和在海外进行的军事行动总体上看都有众多国家参加。参加美国海外战争和军事行动的国家具有两个特点：第一个特点是“问题结盟”。之所以出现“问题结盟”这种联盟形式，是因为冷战后全球已经不存在稳定性阵营之间的对抗，而随着全球化的不断深化，各国间的利益互相融合，军事对抗呈现出针对某种问题而结成的临时联盟。随着战争或军事行动结束，这种临时性的“问题联盟”将自行解散。如海湾战争时，美国与另外 38 个国家结成了针对伊拉克的“问题联盟”。海湾战争结束，这种 39 个国家结成的联盟就解散了。同样，阿富汗反恐战争时，美国拉上英国、德国、波兰、捷克、斯洛伐克等北约国家到阿富汗作战，哈萨克斯坦、日本、韩国、菲律宾等国为美军提供了后勤支援。阿富汗战争的主要战事结束后，这种问题联盟解散，向阿富汗派出驻军的国家依本国利益来决定驻扎阿富汗的时间长短。这也是为什么人们看到向阿富汗派出驻军的国家不断有变化的原因。同样，利比亚战争时，美国与法国、英国组织起多国部队，这些部队来自北约组织、阿拉伯联盟成员国等。利比亚战事一结束，这支多国部队组建的联盟也宣告解散了。

第二个特点是美国的军事干预呈现出国际化。冷战期间，美苏争夺的地区主要在东西方两大集团利益的结合部或空白区。在对方集团内部，美苏两国都没有做出表面性的反应。如苏联出兵捷克斯洛伐克时，美国没有做出表面性的军事反应。冷战后，美国的海外战争和军事干预行动呈现出国际化趋势。如美国在过去 20 年间先后军事干预过 1991 年伊拉克和科威特问题、1992 年塞拉利昂政变问题、1992 ~ 1996 年波黑问题、1992 ~ 1995 索马里问题、1996 年利比里亚问题、1997 年阿尔巴尼亚问题、1997 年柬埔寨问题、1999 ~ 2001 年东帝汶问题等。从这些数据可以看出，美国在冷战后进行的海外军事干预几乎遍布全球的各个角落。

三、不断以新的作战理论指导新的战争和军事行动，新的作战方式不断出现

冷战时期，美国的主要作战对象是苏联。美国的作战理论必然会伴随着苏联的军事发展而不断发展。由于苏联在冷战时期的军事理论没有多少创新，这就导致美国的作战理论发展也比较缓慢，“空地一体战”理论是美国在这一时期作战理论发展的最突出成果。

冷战后，美国成了唯一的超级大国，世界形势处于一个相对稳定的时期，美国的作战理论创新也进入了一个快速发展时期。这主要是因为：美国在海外从事的战争和军事行动频率加大；用于军事的高新技术不断出现；一场接一场的战争使作战理论不断得到实践的检验；军事转型的不断深化给作战理论创新提供了直接动力支持。这使冷战后美国的新作战理论不断出现，并且直接用于指导下一场战争，作战方式也在不断创新。

海湾战争后，美军加速了联合作战理论的制定。虽然美军的联合作战实践可以追溯到 1781 年独立战争时著名的战役约克敦之战，但美军直到海湾战争前还没有形成系统的联合作战理论。通过海湾战争的实践，美国在战后进行了系统的总结，最后于 1991 年 11 月正式颁布了第 1 号联合出版物《美国武装部队的联合作战》，从而使联合作战成为美军的基本作战样式，联合作战理论也正式成为美国陆海空三军的共同作战理论。这是冷战后战争催生的第一个作战新理论。这一理论在指导美军后来的海外战争和军事行动中发挥出重要的作用。同样，海湾战争也被认为是人类历史上第一场真正的信息化战争。这场战争使美国加速了信息作战理论的制定。虽然美国军事理论家早在 1976 年就提出了“信息战争”的概念，但美国在实际作战理论制定中并没有对此给予足够的重视。海湾战争使美国开始重视信息战争。20 世纪 90 年代中期，美国海军先后制定了多部有关信息作战的条令，规定了信息作战的具体程序和方法。1998 年 10 月，美军参谋长联席会议颁布了第一本《联合信息作战条令》，从而使信息作战成为

一种正式官方认可的作战样式。信息作战从而在科索沃战争、阿富汗战争和伊拉克战争期间得到了广泛的运用。此外,“非对称作战”“全维作战”“空天作战”“网络中心战”和“行动中心战”等一系列的新作战理念与作战样式不断被提出来，并在军事行动实践中进行了检验。美国这种战争和军事行动实践与创新作战理论之间的良性循环,使美国的作战理论不断发展。目前看，美国的作战理论是最为丰富的，也是不断通过战争和军事行动检验的，其实用价值不可低估。

四、强制构建有利于美国利益的和平

从冷战后美国发动的战争和进行的海外军事干预行动看，其绝大多数都具有强制和平的性质，隐藏着构建有利于美国利益的地区安全格局的战略意图。

美国军事干预索马里是这种强制和平的一个突出例子。由于索马里位于重要的地理位置，其对美国的全球战略具有重要的战略价值，美国一直想控制该国。冷战期间，由于索马里属于苏联的势力范围，美国的梦想一直未能实现。20 世纪 90 年代初，非洲之角索马里发生内战，造成巨大的财产损失和人员伤亡。为了拯救饱受战乱的索马里数百万平民的生命，联合国安理会于 1992 年 12 月 3 日通过决议，决定派一支多国部队前往索马里。4 日，美国总统布什宣布他已命令国防部长切尼派出一支 2.8 万人的美军部队前往索马里执行联合国决议。实际上，美国早在联合国决议之前的 9 月 16 日就已经派出 2400 名海军陆战队员前往索马里。总统布什宣布派兵令只不过是顺水推舟而已。即便没有联合国派兵的决议，美国也要出兵索马里,因为美国的目标是要在索马里建立一个有利于美国利益的政府,以控制索马里。

美国出兵海地也是如此。1991 年 9 月 29 日，海地武装部队总司令塞德拉斯发动军事政变，取得政权，中断了政治改革进程。这是美国不愿意看到的，也是不符合美国利益的一个政权。美国打着联合国安理会 940 号决议，对海地进行了强制性的军事行动。塞德拉斯被逼出走巴拿马避难。美国实现了“刺刀下的民主”。这为推动美国倡议的“民主扩散”起到了鼓励和示范的作用。

美国干预波黑战争的行动更是强制实现有利于美国利益的和平。这主要表现在：一是操纵北约“武力维和”。为了阻止俄罗斯主导波黑局势，美国推动北约在波黑地区使用武力，开创了北约成立后第一次在防区之外使用武力进行“维和”的先例。二是借助北约的武力逼迫波黑内战各方和谈。美国主导北约强行在波黑地区使用武力，从而由“维和”一方演化为波黑内战的参与一方。美国等西方国家通过武力参与，迅速改变了战场力量对比，使持续 4 年的内战迅速结束。这种“维和”方式在利比亚战争中再一次使用，美国等西方国家组成的多国部队，通过支持和参与利比亚内战一方的军事行动，终于推翻了卡扎菲政权，铲除了不符合美国利益的一个北非政权。

五、通过战争和军事行动来试验新式武器

从海湾战争至 2011 年 5 月 1 日击毙本·拉登军事行动，美国在几近历次海外的战争和军事行动中都使用了新式武器装备。海湾战争中，美国使用了“爱国者”防空导弹成功拦截了伊拉克“飞毛腿”导弹，首创导弹击落导弹的战例。阿富汗反恐战场上，美军实现了使用无人机投掷炸弹来对付恐怖分子的首个成功战例。在击毙本·拉登的军事行动中，美国首次使用了隐形直升机，在近千公里的巴基斯坦境内飞行中成功避开了巴军雷达的侦察。美国之所以在冷战后的历次战争和军事行动中使用新式武器装备，主要是因为：一是试验新式武器装备的战术技术性能，以进一步提高这些新式武器装备的质量，并利于新式武器装备的定型。如海湾战争前，弹道导弹防御只是一个未经实战考验的概念。“爱国者”导弹通过海湾战

争的实战检验，证实空防系统可以击落战区弹道导弹。二是推动新式武器装备的出口。从冷战后 20 年美军的海外战争和军事行动来看，那些被军事实践检验过的武器装备都得到了许多国家的青睐，大大促进了美国军火的出口。美国军火出口的扩大，一方面刺激了美国经济的发展，另一方面也扩大了美国的军事影响，同时也加强了美国与有关国家的关系。这对于美国维护其全球霸权地位是十分有利的。这些表明，美国的海外战争和军事干预行动与其维护全球霸权形成了一个良性互动。这也是美国缘何偏爱海外战争和军事干预行动的一个重要原因。

第四节　军事热点的形态正在悄然变化

随着媒体传播手段的增多和传播速度的加快，热点问题一旦发生便迅速进入人们的视野，成为普通人茶余饭后的谈资、学术研究人员瞄准的课题、外交人员紧张制定对策的对象。热点之所以如此受到人们的青睐，是因为热点能够在国际社会引起较大反响并具有重要的国际影响。从二战后全球发生的热点看，军事热点问题居多。细心的人们会发现，冷战结束前后全球发生的军事热点问题的形态正在发生变化。这种变化可能对全球安全形势的发展产生重要的影响。

一、热点向亚太地区聚集

自战争出现后，人类没有遭受战火折磨的时间加在一起也没有几年。可以说，战争与人类社会是相生相伴的。二战后，虽然战争在一定程度上受到了控制，但它仍然没有离开人们的视线。内战是战争的一种表现形式。自二战至今，全球发生的比较典型的内战数量达到 56 起之多。冷战后发生的内战就达到了 27 起。冷战结束至今仅 20 年时间，内战发生数量超过冷战 40 余年发生的内战总数。这表明，冷战后内战发生的频率在加大。如果说冷战时期世界各地的内战遍布全球的话，冷战后的内战却主要发生在非洲地区。从冷战后至今发生的 27 场内战来看，非洲地区约占 13 起,其他地区发生内战 14 起。这说明非洲大陆正经受着内战的折磨。当然，即便非洲大陆发生的内战数量居于全球之首，其被国际社会视为热点的问题却不是很多，反而内战发生数量居少的亚太地区出现的热点数量不断增多。这些热点不仅表现为内战方面，还表现在边界冲突、岛屿争端和大规模杀伤性武器发展等各个方面。其特点是：

（一）影响国际形势的军事热点数量多

从全球来看，非洲地区发生的内战数量是最多的，但其对国际安全形势有大的影响的内战可谓寥寥无几，其影响大多限于地区范围内。亚太地区出现的热点问题却与之不同，该地区出现的军事热点数量可谓是居于全球之首。一方面，美国将其全球战略重心向亚太地区调整，另一方面亚太地区正逐渐成为全球经济发展的引擎。亚太地区的任何风吹草动都将对国际形势产生影响。柬埔寨与泰国边界地区出现的寺院之争都引起了东盟的关注，甚至引起了大国的关注。更不用说其他牵涉到大国利益的热点问题了。就全球的热点问题而言，绝大多数的热点都集中于亚太地区。这突出地表明，亚太地区陆海相邻地带将是未来国际竞争的重点地区。

（二）对国际安全形势影响大的军事热点多

一旦亚太地区出现热点问题，这种热点问题将对国际安全形势产生巨大的影响。这是目前亚太地区热点问题的一个十分突出的特点。如 2004 年发生并持续至今的巴基斯坦西北部地区的军事动荡极大地影响着中亚地区和南亚地区的安全形势。巴基斯坦位于联结南亚和中亚的结合部，巴基斯坦内部军事形势动荡，一方面将影响阿富汗地区的反恐走向，同时也将对中亚地区的安全形势造成相当大的影响。一旦巴基斯坦政府对其西北地区的恐怖组织打击不力，这些恐怖组织极可能在阿富汗和中亚其他国家内泛滥，并以巴基斯坦为基地不断发展壮大。同时，巴基斯坦境内的军事动荡还可能蔓延到南亚其他地区并影响南亚地区其他国家内部的稳定。目前，南亚国家内部的恐怖组织越来越出现本地化趋势。如果这些本地化的恐怖组织得到了巴基斯坦境内的恐怖组织的支持和帮助，这些恐怖组织就可能迅速地生长起来。南亚地区的反恐形势会变得越来越糟糕。近年来，国际有关组织统计后发现，南亚地区是全球发生恐怖事件数量最多，受恐怖组织威胁最为严重的地区。这使得巴基斯坦境内出现的热点问题备受国际社会的瞩目。同样，南海地区的岛屿主权与海洋权益之争等问题也已经引起了区外大国的密切关注。

二、持续时间增长

冷战后，全球热点问题表现出的一个突出特点就是：一旦热点形成，就持续很长时间，甚至看不到解决的尽头。人们不难发现，虽然伊拉克战争和多国部队对利比亚的打击等军事行动都结束了，但两地作为热点发生区并没有降温，还是保持着热度，受到国际社会的普遍关注。与冷战时期的热点相比，冷战后的热点比冷战时期的热点保持热度的时间要长得多。究其原因是：

（一）某些大国期望延长热点保持热度的时间

冷战时期，美国与苏联两国在全球争夺，但其重点却放在了欧洲，其他地区的争夺都是为欧洲这一主轴战略服务的。美苏两国都遵循对世界各地的热点速战速决的原则来全力维护欧洲地区的均势，都不想在欧洲地区的博弈中让对手占据优势。在欧洲之外发生的热点问题，美苏都本着快刀斩乱麻的心态迅速解决，尽量不影响其欧洲战略的推行。冷战后，美国成为唯一的超级大国。美国要尽力在全球各地保持影响。因此，找一个参与全球各地区事务的充分理由是十分重要的。那么，热点问题是美国最希望出现的。对有利于美国称霸的热点问题，美国都尽可能地使其保持下去，热度不降。如伊拉克和阿富汗境内的安全问题，美国倒是希望伊阿两国的动荡保持下去，使其能够找到合适的理由在这两地维持军事存在。

（二）热点问题不易解决

人们会发现，影响热点问题解决的因素在冷战结束前后发生了变化。冷战时，全球任何一地发生热点问题，其背后都会有美苏两国的影响。通过幕后交易，美苏两国基本上就决定了这些热点问题发展的最后结果。冷战后，即便美国希望有些热点问题得到迅速解决，但这些问题还是很难速战速决。这主要是因为：

首先，热点出现的国家内无强力政府。如北非的利比亚就是如此。昔日的卡扎菲政权被推翻了，利比亚现任政府并不是一个强有力的政府，无法稳定全国的局面。目前，利比亚联合政府的执政能力是十分脆弱的，甚至还可能导致有关部族与中央政府争权，乃至分裂情况的出现。这就是利比亚安全形势持续不稳定的重要原因。

其次，历史遗留下来的棘手问题难以解决。冷战时期，许多历史矛盾问题都被美苏两国的对抗这一主要矛盾所掩盖。冷战时期的热点问题基本上都是一个表现的现实问题。冷战后，许多国家的历史遗留问题开始浮出水面，成为主要矛盾。由于是历史遗留问题，所以这些矛盾对于当事国来讲是不容易在短时间内解决的。如巴勒斯坦与以色列之间的领土争端问题，自冷战结束以来一直是中东地区的热点问题。虽然因这一问题出现过几次战争，但巴以领土争端并没有得到解决。冷战后巴以之间的小打小闹一直没有断过。目前，巴以之间的领土争端仍然看不到解决的希望。

再次，热点问题被有关方面利用，而使其不能在短时间内解决。冷战后新出现的朝鲜核问题即是如此。朝鲜核问题是 20 世纪 90 年代开始成为东北亚地区的热点问题。美国要拉住日本和韩国，外部威胁有利于其强化联盟关系。朝鲜核问题便成为美国强化东北亚地区联盟关系的一个由头。美国想利用朝鲜多变的核问题向俄罗斯、中国施压，与中国和俄罗斯讨价还价，以图实现其整合亚太地区力量，建立亚太新秩序这一战略目的。美国不断地将朝鲜核问题放在“文火”上，保持朝鲜核问题的热度，树立核道德领域的卫道士形象，以争夺世界核问题上的道义制高点。

三、国际化、复杂化倾向日益凸显

冷战时期，世界各地发生的热点问题表现出的特点是：冲突地区局限于所在地区，涉及的力量只是冲突的双方，很少有众多国家参与；对抗双方的背后有美苏两个大国的影子；冲突的强度、规模等受到限制；持续时间也是非常有限的。这些热点问题都是服务于美苏两个大国争夺世界霸权的需要。冷战后，热点问题的特征发生了很大变化。这些变化既与美国成为唯一的超级大国有关，也与当今的国际形势有关。

冷战后发生的热点问题的突出特征之一就是国际化。这一点从冷战后发生的诸多热点问题就可以看出来。如 2008 年发生的俄格冲突本来是俄罗斯与格鲁吉亚两国之间的问题。然而，美国和北约等都参与了进来。这使得一个地方性的小问题演变成一个国际性的大问题。经过俄罗斯与美国之间的讨价还价，俄格冲突最后才算得以平静下来。台湾问题本来是中国内政。然而，美国和日本等国都想插入，以遏制中国的发展。美国不停地向中国的一个地方行政单元输入武器装备，这在世界历史上也是鲜见的。日本公然在其防务计划大纲中列入有关关注台湾事态的相关条款。这不能不说是对一个主权国家的公然挑衅。再比如，南海问题，本来是中国与南海周边某些国家的问题。然而，区外的某些大国积极地参与进来，使南海问题国际化；同时，南海地区的某些国家也力促将南海问题国际化，以便从中渔利。在之前发生的中国与菲律宾在黄岩岛附近对峙事件过程中，人们已经看到了菲律宾方面力促这一事件国际化的险恶用心，目的是拉入国际因素将问题搅乱，以便取得其他手法达不到的目的。同样，柬埔寨与泰国之间的柏威夏寺院问题受到东盟方面的干预、叙利亚内战问题受到了阿盟的干预等也是地区热点国际化的表现。

冷战后发生的热点问题的突出特征之二是复杂化。冷战时期的热点问题，基本上通过美苏两国的压力，当事国双方的谈判就解决了。冷战后，这种解决热点的模式已经不见了，取而代之的是当事国不断将问题搞得复杂起来，使问题越来越难以解决。目前，亚太地区的诸多热点问题就是这种情况，让某些当事国搞得越来越复杂，问题的解决越发棘手。日本在钓鱼岛问题采取的一些措施就是如此。就钓鱼岛而言，本来钓鱼岛是中国固有的领土。日本却趁美国撤出钓鱼岛时将所谓的行政权移交之机占领钓鱼岛，并继续得寸进尺要夺得钓鱼岛的主权。日本的这种企图遭到了中国方面的强烈抗议和反对。为了达到向中国施加更大压力同时又避免受到中国方面的反对的目的，日本政府最近又掩耳盗铃地允许其地方政府对钓鱼岛采取租买手法以便迂回获得对钓鱼岛的“主权”。

四、“一边倒”与“屈服”案例增多

冷战时期，由于美国与苏联两个超级大国在全球争夺势力范围，世界各地发生的热点问题的背后都有美苏两国的影子。热点问题解决的模式基本上遵循着谈判解决的方式。如朝鲜战争和越南战争是冷战期间发生的两大热点。这两场战争最终都是以谈判的形成达成协议来实现停战的。

冷战后，美国成为唯一的超级大国。一旦美国参与了热点问题，热点问题的最后解决基本上都是以美国支持一方的绝对胜利而结束。在冷战后不久即出现的波黑冲突中，美国使用种种手法迫使冲突有关各方接受了其提出的条件，使波黑地区成为冷战后其最早扩大势力影响的地区之一。在1999年北约空袭南联盟事件中，美国最终还是迫使塞族妥协和屈服从而结束了这场战事。后来，美国又肢解了南联盟，实现了使前南地区进一步碎片化的战略目的。这就使俄罗斯在巴尔干地区的影响完全被清除了。

同样，美国在对阿富汗、伊拉克和利比亚的军事行动中也是如此。美国推翻阿富汗塔利班政府后建立了受其影响的卡尔扎伊政府，使其军事存在得以在中亚地区维持下去。在伊拉克,美国已经撤出了作战部队。但是,美国通过派遣保安人员的办法来维持其在伊拉克的武装存在，保持其对伊拉克的影响力。目前，虽然美国对利比亚的影响不尽明朗，其仍然通过西方国家及北约组织施加对这一北非国家的影响。针对叙利亚国内动荡，美国通过对叙国内反对派输送非作战用的武器装备，间接参与到叙利亚的内战之中。美国的这种做法无疑提高了叙国内反对派的实力，一方面激化了叙国内冲突各方的矛盾，另一方面也在引导叙国内冲突向着有利于自身的方向发展。同时，这也是叙利亚国内冲突至今还没有任何结束迹象的深层原因。

从世界形势发展来看，美国“一超独大”的局面还将持续一个相当长的时期。全球的热点最终以“一边倒”和向美国支持一方“屈服”而结束的形势还将持续下去。随着全球力量格局的转化，这种一边倒和向美国支持一方屈服的状况会慢慢发生变化。

五、主导力量由军事力量向民间力量转变

在不同历史时期,与世界热点相关的主要力量是不同的。在冷战时期,由于世界处于美国和苏联为主导的两大力量的对峙和对抗，全球的热点基本是军事力量引发的,并且军事力量支撑着这些热点的发展演变。冷战后,世界的热点，特别是主要热点问题并不全是由军事力量引发的，而是出现了另一番影响。

人们不难发现，冷战后的许多热点是由非军事力量引起的，而且是以军事力量为后盾，在非军事力量之间展开的博弈。如在钓鱼岛问题上，日本方面一直没有使用自卫队而是使用海上保安厅的力量来与中国周旋。即便在中国方面的保钓船只靠近钓鱼岛时，日本也没有出动自卫队的力量。同样，在黄岩岛问题上，菲律宾最初是使用军队来参与的，不久后即调整策略，使用非军事力量与中国的海监船只进行对峙。但是，中菲双方用非军用船只对峙的后面都有军事力量做后盾。日本与韩国关于日本海中的独岛（竹岛）之争时也使用了非军事力量的对抗。这表明，冷战后非军事力量正成为引发热点问题的主要力量。这种非军事力量之间的博弈是在军事

力量的支撑下展开的。这种热点的新特点值得关注，也值得研究。

热点的形态正悄然发生变化。解决热点问题的对策也应该做出调整。随着世界安全形势不断演变，如何利用热点，如何降温热点等针对热点问题的一系列研究正在展开。热点问题正成为国际博弈的一个新领域。在关于热点问题的明暗两个战场的博弈中取得胜利，既是一个实力问题，也是一个谋略问题。随着多极化的不断形成，谋略在解决热点问题时可能发挥着更大的作用。

第五节　中国国家安全正受到十大因素威胁

随着全球经济形势日益恶化，国际间的各种冲突不断，有人认为局部地区爆发战争或出现军事冲突的可能性越来越大。全球安全形势凸显渐入动荡的迹象，中国周边安全形势不容乐观。总体上看，中国安全正受到最为突出的十个威胁因素的影响。我们应该给予足够的重视，防患于未然。

一、军事演习潜藏危机因素

近几年来，在中国周边的军事演习可谓是层出不穷。虽然这些军事演习不是战争或军事冲突，但有的军事演习给中国周边安全造成的震动是不容忽视的。近年来，每当中国海军舰艇编队通过琉球群岛之中的宫古海峡时，日本海上自卫队飞机便紧紧地咬住中国舰艇编队的舰只。如果出现某种误判，中日间的军事冲突在所难免。实际上，中日之间这种军事状况隐藏着某种军事冲突的成分。随着日本极力寻找借口向西南方向调整兵力部署，其制造西南方向军事危机的用心是存在的。这是中国不能不警惕的一个潜在危机因素。

二、引发南海冲突的因素日益复杂，极易导致地区安全不稳

目前，或致南海出现军事冲突的因素大致有以下几种：一是以所谓维护南海航行安全为由“驻军”或巡航南海引发冲突。二是转移国内斗争的视线引发冲突。三是为抑制中国发展的速度与方向，某些国家在南海地区人为地制造事端。四是非传统因素引发军事冲突。由于南海岛屿分占基本完毕，传统争夺岛屿问题已不再是引发南海军事冲突的主要因素，非传统因素引发军事冲突的可能性上升。诸如海洋权益问题、海盗打击问题、超越控制区“活动”问题等都可能引发军事冲突。

三、军事关系渐成“绳索”，套牢中国的用心凸显

由于中国综合实力的不断上升，中国经济在全球经济不景气的情况下却风景这边独好，越来越多的国家心理上出现不平衡现象。加之，某些舆论的煽风点火，中国日益成为某些大国利用军事关系遏制的对象。目前，有关大国正在中国通过军事关系来编织遏制网遏制中国的发展。

四、热点事件不断出现，试图转移中国发展视线

中国周边的热点问题主要表现为：一是陆地方向，印度不断制造边界危机。二是海洋方向的权益纠纷，区外大国不断故意制造事端。三是在岛屿问题上步步紧逼中国。日本在钓鱼岛问题上不断采取力度升级的做法，迫使中国在钓鱼岛问题上改变态度。

五、美国构建“点一线一面”军事布局，潜藏压制中国之心

目前，从美国全球军事部署看，美国正在构建包围欧亚大陆，尤其是

针对中国的一种全球性的、具有“点—线—面”特征的军事布局。具体表现：一是重视提升印度的作用，使之与英国、日本三者形成针对欧亚大陆的“战略点”。二是沿着地中海、北印度洋和南海构建战略线。三是在全球构建反导防御体系。美国的这个导弹防御体系在全球构成了一个向中国施压的“战略面”。如何突破美国的这种“点—线—面”军事布局是中国安全面临的一个重要课题。

六、针对中国的军事战略调整不断出现，中国战略机遇期大有缩短之势

近年来，中国周边的几个大国相继对军事战略做出调整，针对中国的战略举措不断出现。一是俄罗斯在军事上加大了对远东地区的重视。二是日本加大了在其西南方向军事部署的力度。三是美国收缩海外军事部署的同时，加大了针对中国的军事部署。四是印度日益加大在“麦克马洪线”以南地区军事部署的投入。这种调整使中国的军事压力日益增大，我国的战略机遇期存在着被缩短的可能。

七、邻国在领土分歧和海洋权益纠纷问题上的态度强硬，我面临解决这些争议问题的外部压力日渐增大

在世界主要大国中，中国是与周边邻国存在着领土分歧和海洋权益纠纷最多的国家。随着中国综合国力的不断增强，中国在领土分歧和海洋纠纷问题上受到有关国家的压力也在增大。这主要表现为：一是有关国家认为其处于与中国争夺领土和海洋权益的战略机遇期。二是某些国家抓住中国争取维护南海安全稳定这一“软肋”不断采取攻势行动。三是南海地区之外的大国不断煽风点火，恶意破坏南海地区的安全稳定。南海地区之外的大国不断介入南海地区的事务，使南海问题日趋复杂化、国际化。

八、形式多样的“中国威胁论”出现，不断威胁我安全环境

随着中国改革开放后国力的不断强大，中国在政策和行动等各个方面一直坚持和平发展，主张建立和谐世界。即便如此，世界上，尤其是周边国家不时出现一股极为不协调的论调，即“中国威胁论”。目前，这种论调极大地威胁着我国的周边安全环境。其主要表现在这样几个方面：一是某些国家以“中国威胁”为借口大力发展军事，制造安全动荡。二是某些国家以中国经济、贸易、资源等方面威胁其安全为由制造虚无的“中国威胁”。

九、非传统安全威胁日益上升，我维护周边稳定压力增加

进入新世纪后，全球安全形势的发展出现了一种新的特点，即传统安全威胁与非传统安全威胁并行发展。就我国周边安全形势而言，宗教极端势力、民族分裂主义和恐怖主义对我国周边安全形势的威胁是十分严重的。目前,这三股势力呈现出暴力化和政治化两种形态并行发展的趋势。首先，中亚地区的恐怖主义或将重新抬头。其次，南海地区的海盗问题可能会日益严重。最后，中国周边国家间的非传统安全合作或将加强，中国有在非传统安全领域的合作被边缘化的可能。

从亚太地区安全形势看，中国的传统安全形势不容乐观，非传统安全形势也不容乐观。随着人们对传统安全的关注的日益回升，如何通过非传统安全领域的合作来加强传统安全,是中国安全领域面临的一个重要问题。

十、战略武器环境日益不利于我国安全

随着中国周边国家对发展战略武器的重视，中国周边的战略武器环境对中国安全越来越不利，极大地弱化了中国战略武器的威慑力。主要表现

为：首先，核环境恶化。其次，航母威慑力对比形成动态平衡。最后，网络空间各国都可发挥优长，一国无法形成绝对优势，威胁处于动态变化之中。随着社会基础越来越与网络联结在一起，网络几近成为社会基础的神经，网络武器具备了战略武器的基本特征。网络空间的博弈不仅恶化了我周边安全环境，同时也恶化了我境内的安全环境。网络安全将成为维护中国安全稳定应该主要关注的领域。

第六节　中国国家安全或将遭受“全频谱”威胁

通常，人们从不同的角度去认识问题会得出不同的结论。对我国安全面临的威胁这个问题的认识也一样，可以从现实和潜在、主要和次要来分析，也可从政治、经济和军事等角度来分析。当然，从军事角度分析我国安全面临的威胁是人们最为关心的。当用历史对比方法分析我国军事安全面临的威胁时，就会得出这样的结论：目前我国受到的威胁处于新中国成立以来最严重的时期——正受到“全频谱”威胁。

当前影响我国军事安全威胁的数量是新中国成立以来最多的。从新中国建立后的各个历史时期受到的威胁数量上看，在同一时期，我国经常受到一个或两个威胁。如新中国建立初期存在以美国为首的联合国军威胁我国安全问题，60 年代存在印度与苏联军队侵占我国领土问题，70 年代有越南军队企图占据我国领土问题等。

目前，威胁我国军事安全的问题与以往不同，其中表面化的问题就有朝鲜半岛核问题、美国向台湾出售武器问题、侵占我国岛屿的国家增多问题，印度不断在边界地区加大对我施加军事压力等。加之，个别国家支持“藏独”“疆独”并允许这些组织在其境内组建非法武装、建立训练基地等，严重影响着我国西部地区的安全。这些威胁几乎都同时存在，我国目前的军事安全形势不容乐观。

当前影响我国军事安全的威胁涉及的领域是新中国成立以来最多的。朝鲜战争结束后，我国军事安全受到的威胁主要表现为来自美国以及美国支持下的台湾对我大陆从海上和空中造成的威胁。60年代，我国军事安全又增加了印度、苏联对我造成的陆上威胁。70年代，随着与美国关系的改善，我国主要受到来自苏联和越南的陆上威胁。80年代，随着与美国和苏联关系的改善，我国受到的军事压力不断下降。冷战结束后，随着美国对“台独”势力支持力度的加大，我国军事安全主要受到来自美国的威胁,先后还发生了美军轰炸我国驻南联盟大使馆和中美南海撞机事件等。

进入新世纪后，我国军事安全同时受到来自多个领域的威胁，除传统的威胁外又增加了太空威胁、网络威胁和北约威胁等。对来自太空的威胁是不能不重视的，这一威胁主要来自美国。美国在太空军事化的同时还大力准备军事化太空。太空军事化主要是指从太空对空中或地面军事行动进行支援，军事化太空是指在太空展开军事行动。近年来，美国加快了完善太空卫星支持空中和地面军事行动的步伐，使在轨军用卫星的数量不断增加。与此同时，美国先后进行了导弹打卫星试验、“撞星”试验等，这表明美国军事化太空的进程也加快了。随着我国国家利益不断向外层空间延伸，我国受到来自美国的太空威胁正日益加大。如在我军的一次军事演习中，美国通过干扰太空通信卫星的手法使我军事演习不能顺利进行。这还是美国利用太空优势对我实施威胁的“冰山一角”。一旦美国军事化太空达到一定的程度，我太空飞行器都将面临着美国“杀手”的威胁。

同样,来自网络空间的威胁是我国军事安全面临的一个新问题。目前，美国组建了网络司令部，将其国内的网络对抗力量统一组织起来，目的是占据网络空间的主宰地位。据外电报道，美国的网络部队已经不断地在网络空间展开看不见硝烟的“进攻”。同样，美国的盟友日本和韩国也采取不同形式建立起网络部队，在网络空间展开了“进攻”。如我国一位留日学生就曾发现，他在夜里给国内有关方面写的一份建议性文章通过网络发回国内后，第二天就被日本有关方面获知了；我国内某著名军事学者的电脑频频受到黑客攻击，其一些有“创意”的观点不断被国外媒体披露出来；等等。据报道，美国已经将网络战争的一个攻击对象设定为中国。有国外媒体还报道，美国网络部队一方面亲自出马对中国大陆的网络采取“动作”，另一方面指导中国台湾地区的网络力量对大陆采取“动作”。这说明我国的安全正受到来自外部网络部队的威胁。

北约日益成为我国不得不面对的一个新军事威胁。北约原本是其成员国组建的防御性组织，只在成员国的范围内采取军事行动。冷战结束以来，北约不断跨出成员国的防区而在防区之外采取行动，如干涉波黑内战、轰炸南联盟、出兵阿富汗等。尤其是北约部队深入阿富汗，使其军事触角延伸到了我国的家门口。目前，阿富汗陆军部队已经换上美式装备，即为北约的标准装备。一旦阿富汗加入北约，我国军事安全就紧紧地与北约联系在一起了。原本认为“狼离我们很远，现在狼真的要来了”。我国的安全战略空间将会被大大压缩，军事安全受到的威胁不言而喻。

我国既受到传统安全威胁，更受到非传统安全的威胁。这是冷战时期所不曾遇到的新问题。冷战时期，由于两大军事集团对立，我国安全主要受到传统的军事威胁。冷战后，非传统威胁日益增多。其中，海盗对海上运输线的威胁、我国在其他国家存在的利益受到所在国的威胁等都日益上升到国家安全层面。

冷战时期，我海外国家利益主要在东方集团内部。冷战结束后，我国与西方国家交流日益增多，与发展中国家交往日益密切。随着我国实力的不断发展，我海外利益不断扩大并不断向各个领域拓展。与此同时，我海外利益受到的威胁也日益严重，如海上运输线的安全就不断受到威胁。2008年底，我国政府根据联合国的决议向亚丁湾派出了护航编队。目前看，通过武装护航，我国远洋船队的安全基本得到了保障，但如何有效武装护航也是我国面临的一个新问题。

目前，我国家利益不仅表现在我国领土范围内，在其他国家领土上也有我国家利益的存在。这是我国家利益不断拓展的一种表现形式。一旦我海外国家利益所在国发生动荡或其他事件，对我海外国家利益造成军事威胁时，我如何实施军事保防是我国急待解决的一个问题。这是冷战时期我国很少遇到的问题。可是，现在这种事件越来越多，比如，在“出事”国家如何保护我国家利益的安全，一旦需要如何撤回我国重要国家利益等。这是我国军事安全遇到的新问题。

可以说，目前我国面临日益增多的非传统安全威胁，这使我国安全受到威胁的范围更宽了。

结束语

中国是世界上少有的绵延几千年没有中断过文明史的国家。今天，这个国家要走一条与其他国家不同的发展之路。自 15 世纪以来兴起的世界强国都是以战争手段崛起的，中国却选择和平发展之路成为世界强国，屹立于世界民族之林。

在中国向强国发展的过程中，其军事实力也在不断壮大。在世界各国军队中,中国共产党领导的军队还是一支很特殊的军队。她的缔造者规定，这支军队的唯一宗旨是“全心全意为人民服务”。这是几千年来没有过的军队。当这支军队走向世界舞台时，她又表现出了区别于其他国家军队的特殊性。以往强国的军队都是在世界各地使用武力来维护其国家利益，而中国军队在世界舞台上要“维护世界稳定与和平”。然而，这样的军队在发展壮大的过程中却遇到了诸多不利因素。

第一，某些强国看到中国军事力量强大不免有些“闹心”。这一点美国最为突出。十多年来，美国几乎每年都发表有关中国军力的报告，肆意歪曲中国军力，丑化中国军队形象。这主要是因为美国不愿看到中国军力强大。从历史上列强传统思维出发，美国认为，中国军力的强大将威胁美国的利益。所以，美国看到中国军力强大就十分“闹心”，极力遏制中国军力的发展。

第二，发展中国家对中国军力发展走向的“担心”。这种“担心”主要来自于两个方面。一方面，西方某些国家在舆论上对中国军力的歪曲宣传，使这些发展中国家对中国军力的走向产生了误解。另一方面，我国没有及时、全面、准确地宣传我国的国防政策和军事战略。在与外国高级军官交流时，他们时不时地问“一旦中国军力强大了，你们会不会威胁我们国家？”诸如此类的问题。这种“担心”极大地影响了中国军力的发展。

第三，某些周边国家对中国军力发展的“戒心”。由于冷战思维作祟，中国周边的某些国家仍然认为中国军力对其构成威胁。每当中国军力有了新的提高，某些国家就会大造“中国军事威胁论”，干扰中国军力的发展。同时，以中国作为军事对手，某些国家过度发展军力，以致形成军事投入连年大幅提升，其目的是防备中国的可能行动。这种“戒心”极大地干扰了中国军力的发展。

解决这“三心”问题，是顺利提高我国军力，使我军平稳地走入世界舞台,尽可能地发挥我军“维护世界稳定与和平”作用的重要环节。在这“三心”中，解决“闹心”的关键不在于中国，而在于某些强国，特别是美国。

随着中国军力的强大，在一定程度上就意味着美国军力与中国军力之间差距的变小。它属于世界军力格局中的一个结构性矛盾。这种结构性矛盾，如果美国不放弃其全球称霸战略，是很难解决的。虽然这一问题属于“主要矛盾”，但这种矛盾不是中国一方做工作就能解决的。它基本上取决于美国方面对其军事作用的定位。我国只能尽可能地做我们能做的工作。

在中国周边国家中，除俄罗斯和日本外，其他国家几乎都是发展中国家。解决“担心”与“戒心”这“两心”问题，主要要着眼于中国与发展中国家的军事关系。同时，也可以看出，解决了与发展中国家的军事关系问题，基本上也就解决了中国军队走入世界舞台的“通道”问题。那么，如何处理与发展中国家的军事关系呢？答案是，要加强与发展中国家的军事关系。

随着中国军力的不断提高，中国军力与发展中国家军力的差距可能拉大。在解决这种差距引起的“担心”“戒心”时，中国军队还是可以大有作为的。

我们都知道，新中国成立后不久，万隆会议使中国以新的形象出现在亚非各国面前,让世界接受了新中国。1971 年 10 月,在非洲国家的帮助下，联合国决定恢复新中国在联合国的合法席位。毛泽东曾风趣地说，是非洲兄弟把中国抬进了联合国。

如今，中国应以发展中国家为“阵地”，展示中国军队“维护世界稳定与和平”的形象，消除发展中国家对中国军队的“误解”。不难看出，与发展中国家的军事关系具有战略性。

大力发展与发展中国家的军事关系将是未来对外军事战略的一个重点，也是我国弱化大国威胁的一个必要举措。

主要参考文献

[1] 军事科学院世界军事研究部．美国军事基本情况．北京：军事科学出版社，2004.

[2] 军事科学院世界军事研究部．俄罗斯军事基本情况．北京：军事科学出版社，2004.

[3] 军事科学院世界军事研究部．日本军事基本情况．北京：军事科学出版社，2004.

[4] 军事科学院外国军事研究部．美国军事基本情况．北京：军事科学出版社，1998.

[5] 军事科学院外国军事研究部．俄罗斯军事基本情况．北京：军事科学出版社，1998.

[6] 军事科学院外国军事研究部．日本军事基本情况．北京：军事科学出版社，1998.

[7] 张芝联、刘学荣主编．世界历史地图集．北京：中国地图出版社，2002.

[8]［英］RichardOvery 等编著，毛昭晰等译．泰晤士世界历史．广州：新世纪出版社，2011.

[9] 吴于廑．大学世界历史地图．北京：人民出版社，1988.

[10] 薛克翘、赵常乐．简明南亚中亚百科全书．北京：中国社会科学出版社，2004.

[11] 俄罗斯国防部网站 http:www.strategicstudies.org/

[12] 印度国防部网站 http://mod.nic.in/

[13] 印度武装部队网站 http://armedforces.nic.in/

[14] 美国国防部网站 http://www.defenselink.mil/

[15] 美国空军网站 http://www.af.mil/

[16] 美国陆军网站 http://www.army.mil/

[17] 美国海军网站 http://www.navy.mil/

[18] 美国弹道导弹防御组织

http://www.acq.osd.mil/bmdo/bmdolink/html/bmdolink/html

[19] 美国国家安全局 http://www.nsa.gov/

[20] 国际战略研究会 http://www.strategicstudies.org/

[21] 日本陆上自卫队 http://www.jda.go.jp/jgsdf/

[22] 日本空中自卫队 http://www.jda.go.jp/jasdf/

[23] 日本海上自卫队 http://www.jda.go.jp/jmsdf